韩语每日一句

매일 한국어 한마디

朴善姬 编著

北京大学出版社
PEKING UNIVERSITY PRESS

图书在版编目（CIP）数据

韩语每日一句/朴善姬编著. —北京：北京大学出版社，2008.12
（外语实用口语每日一句系列）
ISBN 978-7-301-14639-2

Ⅰ.韩… Ⅱ.朴… Ⅲ.朝鲜语-口语 Ⅳ.H559.4

中国版本图书馆CIP数据核字（2008）第185948号

书　　名：	韩语每日一句
著作责任者：	朴善姬 编著
责任编辑：	张　娜　flowin@163.com
标准书号：	ISBN 978-7-301-14639-2/H · 2160
出版发行：	北京大学出版社
地　　址：	北京市海淀区成府路205号　100871
网　　址：	http://www.pup.cn
电　　话：	邮购部 62752015　发行部 62750672　编辑部 62767347
	出版部 62754962
电子邮箱：	zbing@pup.pku.edu.cn
印 刷 者：	北京飞达印刷有限责任公司
经 销 者：	新华书店
	787毫米×1092毫米　32开本　12印张　230千字
	2008年12月第1版　2010年1月第2次印刷
定　　价：	28.00元(配有光盘)

未经许可，不得以任何方式复制或抄袭本书之部分或全部内容。
版权所有，侵权必究　举报电话：010-62752024
　　　　　　　　　　　电子邮箱：fd@pup.pku.edu.cn

目 录

1. 안녕하세요? 您好/你好 / 1
2. 반갑습니다. 见到你很高兴 / 2
3. 어서 오세요. 欢迎光临 / 3
4. 처음 뵙겠습니다. 初次见面 / 4
5. 잘 부탁드립니다. 请多关照 / 5
6. 오랜만이에요. 好久不见 / 6
7. 성함이 어떻게 되세요? 您贵姓? / 7
8. 잘 지냅시다. 好好相处吧 / 8
9. 이전부터 성함은 많이 들었습니다. 久闻大名 / 9
10. 그동안 잘 지내셨어요? 这段时间过得好吗? / 10
11. 여행사에 문의해 보세요. 问问旅行社 / 11
12. 어디에 전화했어요? 给哪儿打电话了? / 12
13. 여권이 있어요? 有护照吗? / 13
14. 친구와 같이 가요. 和朋友一起去 / 14
15. 초청장이 도착했어요? 邀请函到了吗? / 15
16. 비자가 나왔어요. 签证出来了 / 16
17. 보낸 서류에 사인하세요.
    请在寄给您的文件上签字 / 17
18. 빠른 우편으로 보내주세요. 请寄快递 / 18
19. 추천서도 필요해요. 还需要推荐信 / 19
20. 서울은 인구가 많아요. 首尔人口多 / 20
21. 건강검진을 받았어요? 做体检了吗? / 21

韩语每日一句

22.비행기표를 끊고 싶어요. 想买机票 / 22
23.편도로 끊었어요. 买了单程票 / 23
24.언제 떠나세요? 什么时候走? / 24
25.몸 건강히 잘 다녀오세요. 一路平安 / 25
26.공항까지 멀어요? 到机场远吗? / 26
27.몇 시 비행기예요? 几点的飞机? / 27
28.짐이 많지 않아요. 行李不多 / 28
29.짐을 부쳤어요? 行李托运了吗? / 29
30.1시간이 걸려요. 需要1个小时 / 30
31.제가 마중나갈게요. 我去接您 / 31
32.비행기가 언제 도착해요? 飞机什么时候到? / 32
33.여기는 인천공항이에요. 这里是仁川机场 / 33
34.짐을 찾았어요? 找到行李了吗? / 34
35.돈을 바꾸려고 해요. 想换钱 / 35
36.환율이 얼마예요? 汇率是多少? / 36
37.1000위안을 한국돈으로 바꿔 주세요.
　　请将1000人民币换成韩圆 / 37
38.현금으로 주세요. 请给我现金 / 38
39.전화카드를 사야 해요. 要买电话卡 / 39
40.5000원짜리 한장 주세요.
　　请给我一张面值5000韩圆的 / 40
41.어디로 모실까요? 把您送到哪里呢? / 41
42.길이 많이 막혀요. 堵车堵得很厉害 / 42
43.영수증 주세요. 请给我发票 / 43
44.실례지만 좀 도와 주실래요?
　　打扰了, 您能帮我一下吗? / 44
45.제 짐 좀 내려 주세요. 请帮我把行李拿下来吧 / 45
46.숙소는 어디에 정했어요? 您住哪儿? / 46

目录

47. 중국에서 왔어요. 从中国来 / 47
48. 여권을 보여 주세요. 请出示护照 / 48
49. 2박 3일 묵을 거예요. 要住三天两宿 / 49
50. 모닝콜 해 주세요. 请提供叫醒服务 / 50
51. 방에 인터넷이 되지요? 房间能上网吧 / 51
52. 어느 방이에요? 哪个房间？ / 52
53. 방에 에어콘이 있어요. 房间里有空调 / 53
54. 언제든지 말씀하세요. 请随时说 / 54
55. 방이 참 깨끗하군요. 房间很干净 / 55
56. 이방이 저방보다 더 넓어요.
    这个房间比那个房间更大 / 56
57. 아침 식사는 몇시에 해요? 早餐几点？ / 57
58. 방에서도 국제전화를 걸 수 있나요?
    在房间里能打国际长途吗？ / 58
59. 중국어 채널도 볼 수 있어요? 能看中文频道吗？ / 59
60. 한국 사람들은 참 친절해요. 韩国人很亲切 / 60
61. 샤워는 아무 때나 할 수 있지요?
    淋浴什么时候都可以吧？ / 61
62. 지금 룸 서비스가 가능합니까?
    现在可以提供客房用餐服务吗？ / 62
63. 편히 주무셨어요? 睡得好吗？ / 63
64. 일곱 시에 일어났어요. 7点起床 / 64
65. 키는 어디에 보관해요? 钥匙放到哪儿保管？ / 65
66. 화장실에 가도 되지요? 可以去一下洗手间吧？ / 66
67. 사계절이 분명해요. 四季分明 / 67
68. 한국에 처음 와요. 第一次到韩国来 / 68
69. 가이드한테 물어보세요. 请问一问导游 / 69
70. 내일은 민속촌에 가요. 明天去民俗村 / 70

韩语每日一句

71. 9시에 로비에 모이세요. 9点在大厅集合 / 71
72. 민속촌에 가 보셨어요? 去过民俗村吗? / 72
73. 한강이 참 아름답군요. 汉江真美 / 73
74. 한강에는 다리가 참 많군요. 汉江上桥真多 / 74
75. 난타극장에 가 보셨어요? 去过乱打剧场了吗? / 75
76. 어느 쇼핑센터가 유명해요?
    哪个购物中心有名? / 76
77. 이태원에 가 보셨어요? 去过梨泰院了吗? / 77
78. 용산 전자상가는 가격이 좀 싸요.
    龙山电子一条街价格比较便宜 / 78
79. 인사동에서 샀어요. 在仁寺洞买的 / 79
80. 남대문 시장에 어떻게 가요?
    怎么去南大门市场? / 80
81. 서울 지도를 살 수 있어요? 能买到首尔地图吗? / 81
82. 한국에서 찍은 사진 보여 주세요.
    让我看看在韩国照的照片 / 82
83. 은행은 연중 무휴예요? 银行没有休息日吗? / 83
84. 은행직원이 참 친절해요. 银行职员很亲切 / 84
85. 롯데백화점은 어디 있어요? 乐天商场在哪里? / 85
86. 경복궁에는 중국어 가이드가 있어요.
    景德宫有汉语导游 / 86
87. 여기가 어디예요? 这是什么地方? / 87
88. 에버랜드에 가 본 적이 있어요?
    去过爱宝乐园吗? / 88
89. 놀이기구를 탔어요. 坐了游戏器械 / 89
90. 제가 음료수를 사 올게요. 我去买饮料 / 90
91. 사진을 찍어 주세요. 请给我拍张照片 / 91
92. 예쁘게 찍어 주세요. 请照得漂亮点 / 92

目 录

93. 카메라만 갖고 왔어요. 只带了相机 / 93
94. 남산타워에 올라가 보았어요? 登过南山塔吗? / 94
95. 강남은 정말 번화해요. 江南真的很繁华 / 95
96. 대학로는 사람들이 참 많군요. 大学路人真多 / 96
97. 영화 구경 갈까요? 去看电影吗? / 97
98. 어떤 영화였어요? 看的是什么样的电影? / 98
99. 영화표는 어디서 팔아요? 电影票在哪里卖? / 99
100. 지하철 표는 어떻게 사요? 地铁票怎么买? / 100
101. 광화문까지 두 장 주세요.
     请给我两张去光华门的票 / 101
102. 동대문에 가려고 하는데요. 打算去东大门 / 102
103. 그럼 해수욕을 할 수 있겠네요.
     那么能洗海水浴了 / 103
104. 설악산에 가면 스키를 탈 수 있어요.
     去雪岳山能滑雪 / 104
105. 설악산은 겨울에만 관광객이 많아요?
     雪岳山只有冬天游客多吗? / 105
106. 서울에서 부산까지 얼마나 멀어요?
     从首尔到釜山有多远? / 106
107. 해수욕장이 정말 마음에 들었어요.
     对海水浴场真的很满意 / 107
108. 부산은 어떤 도시예요?
     釜山是什么样的城市? / 108
109. 부산의 영화제는 유명해요.
     釜山的电影节很有名 / 109
110. 제주도는 뭐가 유명해요? 济州岛什么有名? / 110
111. 제주도에 신혼여행을 왔어요.
     来济州岛度蜜月 / 111

韩语每日一句

112. 제주도의 어디어디 구경하셨어요?
     都去济州岛什么地方玩儿了？/ 112
113. 서귀포 해안 유람선을 탔어요.
     乘坐了西归浦海岸游船 / 113
114. 경주는 무엇이 유명해요? 庆州什么有名？/ 114
115. 경치가 좋아요? 景色好吗？/ 115
116. 관광객이 많아요. 游客多 / 116
117. 볼거리,먹거리가 많아요.
     好看的、好吃的都很多 / 117
118. 어디가 인상적이었어요?
     对哪儿印象深呢？/ 118
119. 쇼핑 가려고 해요. 想去购物 / 119
120. 마침 백화점에 가려던 참이었어요.
     正想去商场来着 / 120
121. 면세점에서 샀어요. 在免税店买的 / 121
122. 뭘 도와 드릴까요? 您想买什么？/ 122
123. 이거 얼마예요? 这个多少钱？/ 123
124. 선물을 사러 가요. 去买礼物 / 124
125. 다른 거 주세요. 请给我别的吧 / 125
126. 까만색으로 주세요. 请给我黑色的 / 126
127. 싸게 해 주세요. 请给我便宜点吧 / 127
128. 세일을 해요. 打折 / 128
129. 다 팔렸어요. 卖没了 / 129
130. 이 바지 바꿔 주세요.
     请给我换一下这条裤子 / 130
131. 어떤 옷을 좋아하세요?
     喜欢什么样的衣服？/ 131
132. 바지가 꼭 끼는 것 같아요. 裤子好像有些瘦 / 132

目 录

133.옷이 너무 헐렁해요. 衣服太肥了 / 133
134.이 신발이 편해요. 这双鞋舒服 / 134
135.그 가방이 마음에 들어요. 看中了那个包 / 135
136.스카프를 사 드렸어요. 买了围巾 / 136
137.하얀색을 좋아해요. 喜欢白色 / 137
138.오늘 뭐 샀어요? 今天买了什么? / 138
139.카드를 쓸 수 있어요? 能刷卡吗? / 139
140.지갑을 안 가져왔어요. 没带钱包 / 140
141.옷에 관심이 없어요. 不在意穿着 / 141
142.아이들 옷은 어디에서 팔아요?
　　　童装在哪儿卖? / 142
143.저는 MP3를 사고 싶어요. 我想买MP3 / 143
144.디지털 카메라를 사려고 하는데요.
　　　想买数码相机 / 144
145.몇 시에 문을 닫아요? 几点关门? / 145
146.책을 사려고 하는데요. 想买书 / 146
147.한국어 책을 사려고 하는데요. 想买韩语书 / 147
148.쇼핑을 하고 식사를 합니다. 购物后吃饭 / 148
149.식사하셨어요? 吃过饭了吗? / 149
150.연휴에는 뭘 하세요? 节假日做什么? / 150
151.배 안 고파요? 肚子不饿吗? / 151
152.선생님 시장하시지요? 老师, 您饿了吧? / 152
153.한턱낼게요. 我请客 / 153
154.어느 집이 맛있어요? 哪家好吃? / 154
155.메뉴 좀 보여 주세요. 请把菜谱给我看一下 / 155
156.주문하세요. 请点菜 / 156
157.보리차하고 물수건 주세요.
　　　请给我大麦茶和湿巾 / 157

韩语每日一句

158. 음식이 맛있어 보여요. 饭菜看起来很好吃 / 158
159. 맛있게 드세요. 请慢用 / 159
160. 저는 불고기를 좋아해요. 我喜欢吃烤肉 / 160
161. 김치 만들 줄 아세요? 您会做泡菜吗? / 161
162. 이 음식은 뭐라고 합니까?
    这种食品叫什么? / 162
163. 삼계탕이 맵지 않아요. 参鸡汤不辣 / 163
164. 김치가 맵지 않아요? 泡菜不辣吗? / 164
165. 어떤 술을 마셔요? 喝什么酒? / 165
166. 배가 불러요. 饱了 / 166
167. 맛이 어때요? 味道怎么样? / 167
168. 좀 짜요. 有点咸 / 168
169. 음식이 입에 안 맞아요. 饭菜不合口 / 169
170. 많이 드세요. 请多吃点儿 / 170
171. 잘 먹었습니다. 吃得很好 / 171
172. 담배를 피우십니까? 吸烟吗? / 172
173. 여기 계산해 주세요. 这儿买单 / 173
174. 좀 비싸군요. 有点贵 / 174
175. 한식을 먹었어요. 吃了韩餐 / 175
176. 커피 드세요. 请喝咖啡 / 176
177. 콜라가 시원해요. 可乐很爽口 / 177
178. 저는 주스 마실래요. 我要喝果汁 / 178
179. 여기도 중국노래가 있나요?
    这也有中国歌吗? / 179
180. 노래 잘 하세요? 歌唱得好吗? / 180
181. 노래하고 있어요. 在唱歌 / 181
182. 어느 과일이 맛있어요? 哪种水果好吃? / 182

目 录

183.그 드라마가 너무 재미있어요.
　　那部电视剧很有意思 / 183
184.그 드라마를 여기에서 찍었어요.
　　那部电视剧是在这儿摄制的 / 184
185.그 드라마 주제곡이 뭐예요?
　　那部电视剧主题曲是什么? / 185
186.한국 드라마를 몇 부 보았어요?
　　你看了几部韩剧? / 186
187.배우들이 어때요? 演员们怎么样? / 187
188.그 영화 배우 이름이 뭐예요?
　　演员的名字叫什么? / 188
189.제일 좋아하는 탤런트예요. 是最喜欢的演员 / 189
190.VCD로 보았어요. 看了VCD版的 / 190
191.저는 송혜교팬이에요. 我是宋慧乔的影迷 / 191
192.『대장금』을 좋아해요. 喜欢《大长今》/ 192
193.요즘 인기 있는 드라마는 뭐예요?
　　最近受欢迎的电视剧是什么? / 193
194.이 배우를 볼 수 있으면 좋겠어요.
　　能见到这个演员就好了 / 194
195.오늘 비의 콘서트가 있어요.
　　今天有"rain"的演唱会 / 195
196.한국의 인기가수예요. 韩国的人气歌手 / 196
197.오늘 날씨가 어때요? 今天天气怎么样? / 197
198.밖이 추워요? 外边冷吗? / 198
199.밖에 비가 와요. 外边下雨了 / 199
200.지금 눈이 와요? 现在下雪吗? / 200
201.바람이 불고 비가 와요. 外边刮风,还下雨 / 201
202.비가 그쳤어요. 雨停了 / 202

韩语每日一句

203. 어제만큼 춥지 않아요. 没有昨天那么冷 / 203
204. 별로 춥지 않아요. 也不是很冷 / 204
205. 일기예보에서 눈이 온대요.
　　天气预报说下雪 / 205
206. 지금 몇 시예요? 现在几点? / 206
207. 오늘 며칠이에요? 今天是几号? / 207
208. 오늘은 일요일입니다. 今天是星期天 / 208
209. 며칠 쉬어요? 休几天? / 209
210. 100원짜리밖에 없어요. 只有100韩圆的 / 210
211. 딸기를 한 근 샀어요. 买了一斤草莓 / 211
212. 집이 3층에 있어요. 家住三楼 / 212
213. 키가 180이에요. 个子有一米八 / 213
214. 5키로 늘었어요. 胖了5公斤 / 214
215. 여보세요.주미 씨 계세요?
　　您好, 朱美在吗? / 215
216. 지은 씨 전화 왔어요. 智恩来电话了 / 216
217. 전화 바꿨습니다. 你好, 是我 / 217
218. 요즘 바쁘세요? 最近忙吗? / 218
219. 지금 통화중이에요. 现在占线 / 219
220. 전화번호가 몇번이에요?
　　您的电话号码是多少? / 220
221. 전화 잘못 걸었습니다. 您打错电话了 / 221
222. 전화번호가 틀렸어요. 电话号码错了 / 222
223. 다음에 또 연락할게요. 我会再和你联系 / 223
224. 고향이 베이징이에요. 老家是北京 / 224
225. 요리하기를 좋아해요. 喜欢做饭 / 225
226. 식구가 몇이에요? 家里几口人? / 226
227. 아이가 몇 살이에요? 孩子几岁了? / 227

目 录

228. 부모님께서도 건강하시지요?
     父母身体都好吧 / 228
229. 아버지는 공무원이에요. 爸爸是公务员 / 229
230. 운동하기를 싫어해요. 不喜欢运动 / 230
231. 참 젊어보여요. 显得很年轻 / 231
232. 형제가 있어요? 有兄弟姐妹吗? / 232
233. 저는 회사원입니다. 我是公司职员 / 233
234. 형은 은행직원입니다. 哥哥是银行职员 / 234
235. 누나는 미인이에요. 姐姐是个美人 / 235
236. 동생은 축구선수입니다. 弟弟是足球运动员 / 236
237. 누나는 대학원생이에요. 姐姐是研究生 / 237
238. 오빠는 똑똑한 사람이에요. 哥哥是个聪明人 / 238
239. 집에 자주 연락해요? 和家里经常联系吗? / 239
240. 남자친구가 있어요? 有男朋友吗? / 240
241. 남자친구가 자상해요? 男朋友体贴吗? / 241
242. 친구가 많아요? 朋友多吗? / 242
243. 친구가 너무 착해요. 朋友很善良 / 243
244. 성격이 좋아요. 性格很好 / 244
245. 회사에 직원이 많아요. 公司职员多 / 245
246. 저희 회사 사장님이세요.
     这位是我们公司社长 / 246
247. 우리 회사에서 키가 제일 커요.
     在我们公司个子最高 / 247
248. 회사에서 가까워요? 离公司近吗? / 248
249. 우리는 회사 동료예요. 我们是同事 / 249
250. 두 사람이 친해요? 他们俩关系好吗? / 250
251. 은행에 갔다가 회사에 갑니다.
     先去银行，再去公司 / 251

11

韩语每日一句

252. 늦게 퇴근합니다. 下班晚 / 252
253. 일이 힘들어요? 活儿累吗? / 253
254. 월급이 많아요? 工资多吗? / 254
255. 자주 출장가요? 经常出差吗? / 255
256. 저도 잘 할 수 있어요. 我也能做好 / 256
257. 최선을 다했어요. 尽了全力 / 257
258. 아파서 출근하지 못했습니다.
   病了，所以没上班 / 258
259. 한국 친구가 많아요. 有很多韩国朋友 / 259
260. 유학을 갈 계획이에요. 想去留学 / 260
261. 한국어를 배우기로 했어요.
   决定学习韩国语 / 261
262. 언제부터 한국어를 배웠어요?
   什么时候开始学的韩国语? / 262
263. 한국말을 잘 몰라요. 不太会说韩国语 / 263
264. 한 번 더 해 봐요. 再说一遍 / 264
265. 중국어보다 어려워요.
   和汉语比起来有点难 / 265
266. 제 발음이 맞아요? 我的发音对吗? / 266
267. 발음이 참 좋아요. 发音很好 / 267
268. 선생님덕분입니다. 多亏了老师的帮助 / 268
269. 말하기가 듣기보다 어려워요. 说比听难 / 269
270. 전공이 뭐예요? 专业是什么? / 270
271. 배울 게 너무 많아요. 要学的很多 / 271
272. 뉴스를 알아 들을 수 있어요?
   能听懂新闻吗? / 272
273. 열심히 공부하고 있어요. 努力学习呢 / 273

目录

274. 어느 대학에 신청했어요?
    申请了哪所大学？/ 274
275. 장학금이 있어요? 有奖学金吗？/ 275
276. 기숙사가 어때요? 宿舍怎么样？/ 276
277. 한 방에 몇 사람이 살아요?
    一个屋里住几个人？/ 277
278. 근처에 큰 슈퍼가 있어요. 附近有大超市 / 278
279. 주말마다 영화를 봐요. 每个周末看电影 / 279
280. 졸업하고 취직할 거예요. 毕业后想上班 / 280
281. 즐겁게 지냈어요. 过得很愉快 / 281
282. 어디가 안 좋아요? 哪儿不舒服？/ 282
283. 머리가 아파요. 头疼 / 283
284. 병원에 가 보세요. 去医院看看吧 / 284
285. 얼굴색이 안 좋아 보여요. 脸色看起来不好 / 285
286. 이 약을 드세요. 把这个药吃了吧 / 286
287. 며칠 푹쉬세요. 好好休几天吧 / 287
288. 감기 조심하세요. 注意别感冒 / 288
289. 오늘 시간이 있어요? 今天有时间吗？/ 289
290. 어디서 만날까요? 在哪儿见呢？/ 290
291. 약속이 있으니까 내일 만납시다.
    我和别人约好了，明天见吧 / 291
292. 비 때문에 못 갑니다. 因为下雨, 所以去不了 / 292
293. 오래 기다렸어요? 久等了吧 / 293
294. 택시를 타고 왔어요? 是打车来的吗？/ 294
295. 운전할 줄 알아요? 会开车吗？/ 295
296. 차 사고가 났어요. 出了车祸 / 296
297. 음주운전을 하지 마세요. 不要酒后开车 / 297
298. 제가 준비할게요. 我来准备 / 298

韩语每日一句

299. 약속을 취소해야 해요. 得取消约会 / 299
300. 약속 시간에 늦지 마세요. 不要迟到 / 300
301. 메일을 보냅니다. 发邮件 / 301
302. 친구와 채팅해요. 上网聊天 / 302
303. 노래를 다운 받고 있어요. 正在下载歌 / 303
304. 바이러스가 있어요. 有病毒 / 304
305. 문서를 저장했어요. 保存了文件 / 305
306. 첨부파일이 열리지 않아요. 附件打不开 / 306
307. 속도가 너무 느려요. 速度太慢了 / 307
308. 노트북을 샀어요. 买了笔记本电脑 / 308
309. 프린터가 있어요? 有打印机吗? / 309
310. 근처에 PC방이 있어요? 附近有网吧吗? / 310
311. 어느 사이트를 자주 이용하세요?
　　　经常上哪个网站? / 311
312. 컴퓨터로 영화를 봐요. 用电脑看电影 / 312
313. 프로그램을 깔고 있어요. 正在安装程序 / 313
314. 지금 어디 계세요? 现在在哪儿? / 314
315. 백화점 뒤에 있어요. 在商场后边 / 315
316. 가방 안에 있어요. 在包里 / 316
317. 책을 책상 위에 놓았어요. 书放在桌子上了 / 317
318. 호텔 앞에 있어요. 在酒店前边 / 318
319. 옆사람한테 물어 보세요. 问问旁边的人 / 319
320. 2층 동쪽에 있어요. 在2楼的东侧 / 320
321. 문이 열려 있어요. 门开着 / 321
322. 문을 잠그세요. 把门锁好 / 322
323. 침대에 누워 있어요. 躺在床上 / 323
324. 의자에 앉아 있어요. 坐在椅子上 / 324
325. 회 색옷을 입고 있어요. 穿着灰色的衣服 / 325

目 录

326. 안경을 꼈어요. 戴眼镜了 / 326
327. 집에 손님이 와 있어요. 家里来客人了 / 327
328. 냉장고에 넣어 두었어요. 放到冰箱里了 / 328
329. 오늘 기분이 어때요? 今天心情怎样? / 329
330. 화가 났어요. 生气了 / 330
331. 그 사람을 좋아해요. 喜欢他 / 331
332. 많이 놀랐어요. 吓了一跳 / 332
333. 너무 슬퍼요. 太悲了 / 333
334. 급해 하지 마세요. 不要着急 / 334
335. 그 사람 어디가 싫어요? 你不喜欢他哪儿? / 335
336. 몇 번 버스를 타세요? 坐几路车? / 336
337. 택시 요금이 비쌉니다. 出租车费比较贵 / 337
338. 자가용으로 출근해요. 开私家车上班 / 338
339. 운전을 하며 음악을 듣습니다.
     边开车边听音乐 / 339
340. 23번 버스로 갈아타세요. 换23路 / 340
341. 고속도로를 이용합니다. 走高速公路 / 341
342. 하늘이 파래요. 天空是蓝色的 / 342
343. 밖이 어두워요. 外边黑 / 343
344. 꽃이 참 예쁘군요. 花真漂亮 / 344
345. 지금은 말랐어요. 现在瘦了 / 345
346. 얼굴이 큰 편이에요. 她脸盘比较大 / 346
347. 졸리지 않아요? 不困吗? / 347
348. 참 이상해요. 真的很奇怪 / 348
349. 미안해요. 对不起 / 349
350. 죄송합니다. 实在很抱歉 / 350
351. 너무 걱정하지 마세요. 不要太担心 / 351

韩语每日一句

352. 먼저 실례하겠습니다. 那我先走了 / 352
353. 수고하셨어요. 辛苦了 / 353
354. 고마워요. 谢谢 / 354
355. 감사합니다. 谢谢 / 355
356. 안부 전해주세요. 帮我带个好 / 356
357. 안녕히 계세요. 再见 / 357
358. 또 만나요. 再见 / 358
359. 메리 크리스마스. 圣诞节快乐 / 359
360. 생일 축하해요. 祝你生日快乐 / 360
361. 건강하세요. 祝你健康 / 361
362. 설에는 뭘 드세요? 春节吃什么？/ 362
363. 행운이 함께 하기를 기원합니다.
　　　希望你万事如意 / 363
364. 새해복 많이 받으세요. 新年快乐 / 364
365. 한국에 또 오고 싶어요. 还想再来韩国 / 365

1월1일　1月1日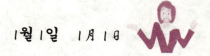

1. 안녕하세요?

A : 안녕하세요? 주미 씨.
　　安宁哈赛呦？租米西
　　annjenghaseyo, zumissi
　　你好！朱美。

B : 안녕하세요? 지은 씨.
　　安宁哈赛呦？积恩西
　　annjenghaseyo, ziunssi
　　你好！智恩。

> 韩国语的人名后加"씨"表示客气。比如说，"영수 씨"，"지영 씨"等。直呼其名显得没有礼貌。

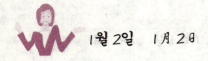 1월 2일 1月2日

2. 반갑습니다.

A : 반갑습니다. 주미 씨.
🔊 半嘎布思母昵达。租米西
bangapsumnida. Zumissi.
见到你很高兴，朱美.

B : 반갑습니다. 지은 씨.
🔊 半嘎布思母昵达。积恩西
bangapsumnida. ziunssi
见到你很高兴，智恩。

반갑다 高兴
"반갑다"的意思是"高兴"，但只有在见面问候时或听到另人高兴的消息时才用，"정말 반가운 소식입니다 (真是令人高兴的消息)"。

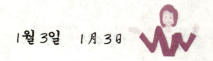
1월3일　1月3日

3. 어서 오세요.

A: 어서 오세요. 주미 씨.
　哦瑟喔赛呦。租米西
　ese oseyo. Zumissi
　欢迎你，朱美。

B: 어서 오세요. 지은 씨.
　哦瑟喔赛呦。积恩西
　ese oseyo. Ziunssi.
　欢迎你，智恩。

어서 快　　오다 来

以上对话原意为"快来吧"，但后来变为"欢迎"的意思。如果对方是长辈也可以用"어서 오십시오"来表示恭敬。韩国语也有"(환영) 欢迎"这个词，但是多用于正式场合。

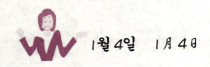 1월4일 1月4日

4. 처음 뵙겠습니다.

A : 안녕하세요?
📢 安宁哈赛呦？
annyenghaseyo.
您好！

B : 안녕하세요? 처음 뵙겠습니다.
📢 安宁哈赛呦？策牟派不该布思母昵达
annjenghaseyo? Cheum buegetsumnida.
您好！初次见面。

처음 第一次　　　뵙다 见面
"겠"表示婉转的语气，"뵙다"为"见面"的敬语。使用时，不要随意增减词汇或语法要素。

1월5일 1月5日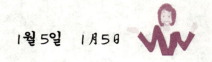

5. 잘 부탁드립니다.

A : 잘 부탁드립니다. 주미 씨.
📢 嚓儿扑沓各得哩母昵达。租米西
zal butakdulimnida. Zumissi
请多关照，朱美。

B : 잘 부탁드립니다. 지은 씨.
📢 嚓儿扑沓各得哩母昵达。积恩西
zal butakdulimnida. Ziunssi.
请多关照，智恩。

잘 好好　　부탁 拜托
注意"부탁"的读音，要把收音"ㄱ"读出来。

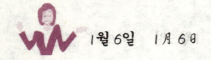

1월6일　1月6日

6. 오랜만이에요.

A : 오랜만이에요. 주미 씨.
　📢 奥来马你也呦。租米西
　olanmaniyeyo. Zumissi
　好久不见，朱美。

B : 잘 지내셨어요? 지은 씨.
　📢 嚓儿积内肖叟呦? 积恩西
　zal jinesyjeseyo? Ziunssi.
　过得好吗? 智恩。

오랜만 隔了好久　　지내다 过
"오랜만" 意为 "隔了好久"，因此，它能够表达 "好久不见" 的意思。

1월 7일　1月7日

7. 성함이 어떻게 되세요?

A : 성함이 어떻게 되세요?
僧哈米 哦到开 土爱赛呦?
senghami edeke duiseyo?
您贵姓?

B : 주미예요.
租米也呦
zumiyeyo.
我叫朱美。

성함 名字　　　　되다 成为
和韩国人打招呼不能说"이름이 뭐예요?（名字是什么？）"。韩语中有如同汉语"您贵姓"这种习惯用法。

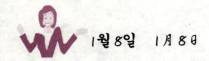

1월8일 1月8日

8. 잘 지냅시다.

A : 서로 도우면서 잘 지냅시다.
瑟喽 套无免瑟嚓儿积内布西达
sero doumyjense zal jinepsida.
咱们以后互相帮助吧。

B : 네, 잘 지냅시다.
奈，嚓儿积内布西达
ne, zal jinepsida.
是，好好相处吧。

서로 互相　　　　돕다 帮助

韩国语的对话当中经常省略主语，这是韩国语的一大特点。"ㅂ시다"表示共动。

1월 9일　1月9日

9. 이전부터 성함은 많이 들었습니다.

A : 이전부터 성함은 많이 들었습니다.
　一怎扑套僧哈门 马昵得喽思母昵达
　yizenbute senghamun mani duresumnida.
　早就听说过您的大名。

B : 저도 그래요.
　草到克来呦
　zedo greyo.
　我也是。

　이전 以前，从前　　듣다 听
　부터 开始　　　　　그래요 那样
　"저"是"나"的谦语，在对话里经常出现。

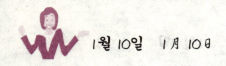

1월 10일　1月10日

10. 그동안 잘 지내셨어요?

A : 그동안 잘 지내셨어요?
　　克东安　嚓儿 积内肖叟呦?
　　gudongan zal jinesyjeseyo.
　　这段时间过得好吗？

B : 덕분에 잘 지냈어요.
　　套个步奈 嚓儿积内肖叟呦
　　dekbune zal jineseyo.
　　托您的福，过得不错。

그동안 这段时间　　　지내다 过
덕분에 托……的福
선생님 덕분에 托老师的福……
친구들 덕분에 托朋友们的福……
도와준 덕분에 多亏你们的帮助……

1월11일 1月11日

11. 여행사에 문의해 보세요.

A : 여행사에 문의해 보세요.
耶喝英仁哎 牟尼咳 卜赛呦
yjehengsae munihe boseyo.
你问问旅行社。

B : 네, 알겠습니다.
奈，啊儿该思母昵达
ne, algesumnida.
好，我知道了。

문의 하다为"咨询"的意思。
"알겠습니다.（我知道了）"为常用语，不能说成"압니다"或"알아요"。

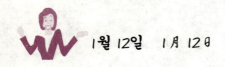
1월 12일　1月12日

12. 어디에 전화했어요?

A: 어디에 전화했어요?
哦地爱 草怒啊害叟呦?
edie jenhuahaseyo?
给哪儿打电话了?

B: 여행사에 전화했어요.
油和应洒爱 草怒啊害叟呦
yehangsae jenhuahaseyo.
给旅行社打电话了。

"에 전화하다"表示"打电话到……地方", "에게 전화하다"表示"打电话给……人"。比如, "집에 전화해요.（给家里打电话）", "친구에게 전화했어요.（给朋友打电话了）"。

1월 13일　1月13日

13. 여권이 있어요?

A : 여권이 있어요?
📢 呦瓜尼 一叟呦?
yegueni yiseyo?
有护照吗?

B : 아니요, 여권을 만들어야 해요.
📢 啊尼呦，呦瓜呐儿 曼得喽呀 害呦
anio.yeguenul manduleya heyo.
没有，得办护照。

"이/가 있다" 意为 "有……"。
"이/가 없다" 意为 "没有……"。
比如，"돈이 있어요.（有钱）"，
"책이 있어요.（有书）"。

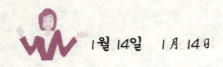 1월 14일 1月 14日

14. 친구와 같이 가요.

A : 누구와 같이 한국에 가요?
📢 努孤哇 卡气 含古盖 卡呦?
nuguwa gaqi hanguge gayo?
和谁一起去韩国?

B : 친구와 같이 가요.
📢 青孤哇 卡气 卡呦
qinguwa gaqi gayo.
和朋友一起去。

"와 같이" 意为 "和……一起"。
比如, "어머니와 같이 백화점에 가요.(和妈妈一起去商场)"。

1월 15일   1月 15日

15. 초청장이 도착했어요?

A : 초청장이 도착했어요?
凑噌藏一 都嚓开叟呦?
cocengzzangyi docakheseyo?
邀请函到了吗?

B : 아니요, 초청장이 아직 도착하지 않았어요.
啊尼喔, 凑噌藏一 啊几个 都嚓咔叽 啊哪叟呦
aniyo, Cocengzzangyi azik docakazi anaseyo.
不, 邀请函还没到。

"아직+否定"为句型。比如, "아직 일어나지 않았어요.(还没有起来)", "아직 만나지 못했어요.(还没能见面)"。

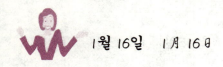 1월 16일 1月16日

16. 비자가 나왔어요.

A : 비자가 나왔어요?
 匹咋嘎 哪哇叟呦?
bizaga naoaseyo?
签证出来了吗?

B : 네, 비자가 나왔어요.
 奈, 匹咋嘎 哪哇叟呦
ne, bizaga naoaseyo.
是, 签证出来了。

비자 签证   나오다 出来

1월17일 1月 17日

17. 보낸 서류에 사인하세요.

A : 보낸 서류에 사인하세요.
卜内恩 瑟溜哎 萨一哪赛呦
bonen selue ssayinhaseyo.
请在寄给您的文件上签字。

B : 네, 알겠습니다.
奈，啊儿该思母昵达
ne. algesumnida.
好，知道了。

"~에 + 사인하다/쓰다" 为句型，表示 "在……上签字/写"。比如，"책에 사인하다（在书上签字）"，"벽에 쓰다（在墙上写）"。

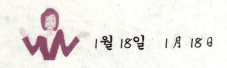

1월 18일   1月 18日

18. 빠른 우편으로 보내주세요.

A: 빠른 우편으로 보내주세요.
吧仑 呜片呐喽 卜内组赛呦
bbarun upyjenuro bonezuseyo.
用快递寄出来吧。

B: 네, 빠른 우편으로 보내겠습니다.
奈, 吧仑 呜片呐喽 卜内该思母昵达
ne. Bbarun upyjenuro bonegesumnida.
好，我会寄快递的。

"으로"表示方式。"전화로 연락합니다.（用电话联系）"，"비행기로 갑니다.（坐飞机去）"。

1월 19일 1月 19日

19. 추천서도 필요해요.

A : 또 뭐가 필요해요?
到，么嘎 匹了害呦?
do muega pilyoheyo?
还需要什么？

B : 추천서도 필요해요.
粗岑瑟都 匹了害呦
cucensedo pilyoheyo.
需要推荐信。

추천서 推荐信 　　또 还，又
필요하다 需要
"또"为常用副词，比如，"또 오세요.（欢迎再来）"，"또 만나요.（再见）"。

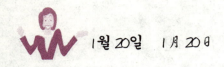

1월 20일　1月20日

20. 서울은 인구가 많아요.

A : 서울은 인구가 많지요.
📢 扫无了恩　因孤嘎　满气呦
seurun yinguga manciyo.
首尔人口多吧。

B : 네, 서울은 인구가 많아요.
📢 奈, 扫无了恩　因孤嘎　满气呦
ne, seurun yinguga manayo.
对, 首尔人口很多。

"지요" 表示需要对方的确认。比如, "학생이지요. (您是学生吧)", "네, 그래요. (是的)"。

1월 21일 1月21日

21. 건강검진을 받았어요?

A : 건강검진을 받았어요?
📣 啃冈口牟几呐儿 吧哒叟呦?
genganggemzinul badaseyo?
做体检了吗?

B : 네, 건강검진을 받았어요.
📣 奈, 啃冈口牟几呐儿 吧哒叟呦
ne. genganggemzinul badaseyo.
是,体检了。

"받다"表示"收到,接受"。如"선물을 받았어요.(收到礼物了)","칭찬을 받았어요.(受到表扬了)"。

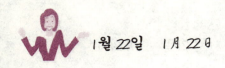 1월 22일　1月22日

22. 비행기표를 끊고 싶어요.

A : 비행기표를 끊고 싶어요.
　　皮和应个一票了儿　跟告　西抛呦
　　bihanggipyolul gunko sipeyo.
　　我想买机票。

B : 언제 어디까지 가시는데요?
　　哦恩在　哦地嘎积　卡西嫩带呦?
　　enje edigaji gasinundeyo?
　　请问您什么时候出发，去哪儿?

비행기표 机票　　　끊다 买(票)
"고 싶다" 表示意愿，比如，
"집에 가고 싶어요.(想回家)",
"냉면을 먹고 싶어요.(想吃冷面)"。

1월23일 1月23日

23. 편도로 끊었어요.

A : 비행기표를 왕복으로 끊었어요?
匹横克一嘌乐儿 枉卜个喽 个闹叟呦?
bihenggipiorul oangboguro gguneseyo?
买了往返机票吗?

B : 아니요, 편도로 끊었어요.
啊尼喔, 片都喽 个闹叟呦
aniyo. Pyjendoro gguneseyo.
不,买了单程的。

왕복 往返　　　편도 单程

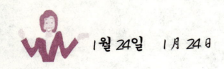

1월 24일 1月 24日

24. 언제 떠나세요?

A : 언제 떠나세요?
哦恩栽 都呐赛呦?
enze ddenaseyo?
什么时候出发?

B : 토요일에 떠나요.
透呦一来 都呐呦
toyoyile ddenayo.
星期六走。

"에" 表示时间, "8시에 수업해요.(8点上课)", "저녁에 만나요.(晚上见)"。

1월 25일 1月25日

25. 몸 건강히 잘 다녀오세요.

A : 몸 건강히 잘 다녀오세요
冒恩 肯刚一 扎儿 大鸟奥塞呦
mom genganghi zal danyjeoseyo.
一路平安。

B : 안녕히 계세요.
安宁一 开塞呦
annyjenghi geseyo.
再见。

건강다 健康   다녀오다 去一趟

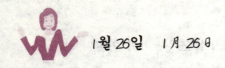

1월 26일 1月26日

26. 공항까지 멀어요?

A : 공항까지 멀어요?
🔊 空航嘎几 某喽呦?
gonghangggazi meleyo?
离机场远吗?

B : 네, 좀 멀어요.
🔊 奈，走牟 某喽呦
ne. zom meleyo.
是，有点儿远。

"까지" 表示结束的地点、时间。"학교까지 가요.(到了学校)"，"내일까지 내세요.(截止到明天交吧)"。

1월 27일 1月 27日

27. 몇 시 비행기예요?

A : 몇 시 비행기예요?
咩西 批合应克一也呦?
myjesi bihenggiyeyo?
几点的飞机?

B : 오후 세 시 비행기예요.
喔呼 噻西 批横克一也呦
ohu sesi bihenggiyeyo.
下午3点的。

时间的说法：
1点 한시　　　2点 두시
3点 세시　　　4点 네시
……
8点 여덟시
10点 열시
(不可以说成"일시, 이시……"。)

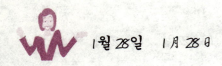
1월 28일 1月28日

28. 짐이 많지 않아요.

A : 짐이 많아요?
几米 马哪呦?
zimi manayo?
行李多吗?

B : 짐이 많지 않아요.
几米 马七 啊哪呦
zimi manci anayo.
行李不多。

"지않다" 表示否定。"아프지 않아요.（不疼）", "예쁘지 않아요.（不漂亮）"。

1월 29일 1月29日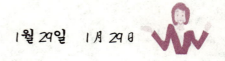

29. 짐을 부쳤어요?

A : 짐을 부쳤어요?
📢 几牟儿 补撬叟呦?
zimul bucyjeseyo?
行李托运了吗?

B : 네, 짐을 부쳤어요.
📢 奈, 几牟儿 补撬叟呦?
ne. zimul bucyjeseyo.
是,托运了。

"부치다" 加上 "어요/었어요" 之后变为 "부쳐요/부쳤어요"。"시키다(点菜)","지키다(遵守)","가르치다(教)" 也发生相同变化。

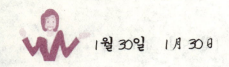 1월30일 1月30日

30. 1시간이 걸려요.

A : 몇 시간이 걸려요?
🔊 咩西甘尼 口儿了呦?
myjesigani gellyjeyo?
要花多长时间?

B : 1시간이 걸려요.
🔊 韩西甘尼 口儿了呦
hansigani gellyjeyo.
要花一个小时。

"걸리다" 表示 "花费时间"。
"한달이 걸려요. (要花一个月时间)",
"3시간이 걸려요. (三个小时)"。

1월31일 1月31日

31. 제가 마중나갈게요.

A : 제가 마중나갈게요.
载嘎 马宗哪卡儿该呦
zega mazongnagalgeyo.
我去接您。

B : 그럼, 정말 고맙겠어요.
克喽牟, 曾吗儿 口吗卜该叟呦
gurem zengmal gomapgeseyo.
那就谢谢您了。

"ㄹ게요"表示约定, 如"사과를 사 올게요.(我会买来苹果的)", "도 와줄께요.(我会帮你的)"。

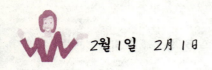 2월 1일 2月 1日

32. 비행기가 언제 도착해요?

A : 비행기가 언제 도착해요?
   皮享克一嘎 哦恩在 到擦开呦?
   bihenggiga enze docakeyo?
   飞机什么时候到?

B : 비행기가 7시에 도착합니다.
   皮和应个一嘎 7西爱 到擦开呦
   bihenggiga yilgobsie docakamnida.
   飞机7点到。

도착하다 到达   이륙하다 起飞

2월 2일 2月2日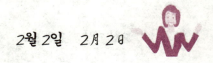

33. 여기는 인천공항이에요.

A : 지금 어디 계세요?
几个木 哦地 开赛呦?
jigum edi geseyo?
现在在哪儿?

B : 여기는 인천공항이에요.
要各一嫩 因辰工航一也呦
yeginun gimpo gonghang-iyeyo.
现在在仁川机场。

여기 这儿
거기 那儿（离话者稍远，听者比较近）
저기 那儿（离话者、听者都比较远）

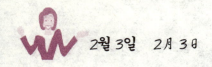 2월 3일 2月 3日

34. 짐을 찾았어요?

A : 짐을 찾았어요?
 几牟儿 嚓咋叟呦?
zimul cazaseyo?
行李取了吗?

B : 네, 짐을 찾았어요.
奈, 几牟儿 嚓咋叟呦
ne. zimul cazaseyo.
是, 取了。

짐을 찾다 取行李
돈을 찾다 取钱
월급을 받다 领工资

2월4일 2月4日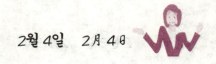

35. 돈을 바꾸려고 해요.

A : 뭘 도와 드릴까요?
   么儿 透哇 得哩儿嘎呦?
   muel dooa dolilggayo?
   您要办理什么业务？

B : 돈을 바꾸려고 해요.
   都呐儿 啪孤了勾 害呦
   donul baggulyjego heyo.
   我想换钱。

> "려고 하다" 为句型。比如，"집에 가려고 해요.（想回家）", "친구를 만나려고 해요.（想见朋友）"。

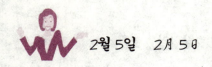

2월 5일 2月 5日

36. 환율이 얼마예요?

A : 환율이 얼마예요?
📢 换牛里 鹅儿马也呦?
huanyuli ermayeyo?
汇率是多少?

B : 환율이 1:130입니다.
📢 换牛里 一儿带百洒母西不昵母昵达
huanyuli yil de backsamsibimnida.
汇率是1:130。

"얼마예요?" 为常用语, 问价格时也经常用, "이 신발이 얼마예요?(这双鞋多少钱?)", "이 빵이 얼마예요?(这个面包多少钱?)"。

2월 6일　2月 6日

37. 1000위안을 한국돈으로 바꿔 주세요.

A : 어서 오세요.
🔊 哦扫 奥塞呦
　　eso oseyo.
　　请进。

B : 1000위안을 한국돈으로 바꿔 주세요.
🔊 草挪呢儿 含古个到呢捞 怕锅 足塞呦
　　cenyeuan hangukdonnuro bqguojuseyo.
　　请帮我把1000元人民币换成韩圆。

> 人民币"元"按音译写成了"위안"。汉语是一个音节，但在韩语中经常变为两个音节，"上海→상하이，桂林→구이린"等。

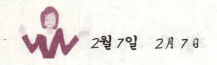

2월7일 2月7日

38. 현금으로 주세요.

A : 현금을 드릴까요?
📢 和烟个么儿 的里儿嘎呦?
hyengumlul dulirgyo?
给您现金吗?

B : 네, 현금으로 주세요.
📢 奈，和烟个木捞 足塞呦
ne, hyengumuro juseyo.
是的，请给我现金。

"드리다" 为 "주다" 的敬语，表示对宾语的尊敬，"신문을 선생님께 드렸어요.（把报纸给了老师）"，其中 "老师" 是间接宾语，所以用了 "드리다"。

2월 8일 2月 8日

39. 전화카드를 사야 해요.

A : 뭘 사야 해요?
么儿 仁呀害呦?
muel dooa dolilggayo?
要买什么?

B : 전화카드를 사야 해요.
怎花卡得乐儿 仁呀害呦
zenhuakadurul saya heyo.
得买电话卡。

"어야 하다" 为句型。例如, "병원에 가야 해요. (得去医院)", "그 사람한테 물어봐야 해요. (得问他)"。

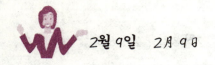

2월9일 2月9日

40. 5000원짜리 한 장 주세요.

A : 전화카드를 사려고 합니까?
草努阿卡的了儿 洒撩高 哈母昵嘎?
jenhuakadulul salyeogo hamniga?
您要买电话卡吗?

B : 네, 5000원짜리 한장 주세요.
奈, 奥草暖扎里 韩脏 足塞呦
ne, ocenyeonzali hanzang juseyo.
是的, 请给我一张面值5000韩元的。

"짜리" 表示面值。
"100원 짜리 (100元面值的)",
"1000원 짜리 (1000元面值的)"。

2월 10일 2月 10日

41. 어디로 모실까요?

A : 어디로 모실까요?
哦地喽 某西儿嘎呦?
ediro mosilggayo?
把您送到哪里呢?

B : 호텔로 가 주세요.
活铁儿咯 卡 组赛呦
unhenguro ga zuseyo.
去酒店。

"모시다"也表示对宾语的尊敬。"제가 할머니를 모시고 가요.(我陪奶奶去)",这句不是对主语,而是对宾语表示了尊敬。

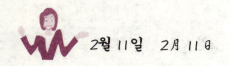 2월 11일 2月 11日

42. 길이 많이 막혀요.

A : 길이 많이 막혀요?
📢 克一哩 马尼 马克也呦?
gili mani makkyjyo.
路上塞车吗?

B : 네, 길이 많이 막혀요.
📢 奈, 克一哩 马尼 马克也呦
ne. gili mani makkyjeyo.
是，塞得厉害。

"길이 막히다", "차가 막히다" 都可表示塞车。

2월 12일   2月 12日

43. 영수증 주세요.

A : 아저씨, 영수증 주세요.
啊早西, 应苏增 足塞呦
azessi, yeongsuzung juseyo.
大叔，请给我发票。

B : 네, 여기 있습니다.
奈, 要个一 一思母昵达
ne, yegi yidsumnida.
好的，您拿好。

"아저씨"类似于汉语的"师傅"，这个称呼语使用十分广泛，即使是小伙子，只要是从事服务行业的，四十岁的大婶也可以叫他"아저씨"。

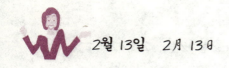

2월 13일 2月 13日

44. 실례지만 좀 도와 주실래요?

A : 실례지만 좀 도와 주실래요?
西儿来几满 早木 到挖 足西儿来呦?
silleziman zom doa zusilleyo?
对不起，您能帮帮我吗？

B : 네, 말씀하세요.
奈，马儿思马塞呦
ne, malsumaseyo.
好的，请讲。

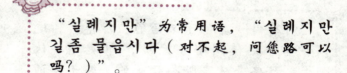

"실례지만"为常用语，"실례지만 길좀 물읍시다（对不起，问您路可以吗？）"。

2월 14일 2月 14日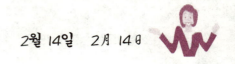

45. 제 짐 좀 내려 주세요.

A : 제 짐 좀 내려 주세요.
在 积母 早母 奈撩足塞呦
je jim zom neryejuseyo.
请帮我把行李拿下来吧。

B : 네, 문 앞에 내려 놓으면 되지요.
奈, 木恩 啊派 奈撩闹鹅面 读爱积呦
ne, munape nerye noumyeon duejiyo.
好的。放到门前就可以吧。

"으면 되다" 表示允许、许可。比如, "내일 가면 됩니다. (明天去就可以) "。

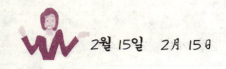

2월 15일 2月 15日

46. 숙소는 어디에 정했어요?

A : 숙소는 어디에 정했어요?
🔊 苏个嗽嫩 哦地哎 曾害叟呦
suksonun edie zengheseyo?
您住哪儿?

B : 저 호텔에 정했어요.
🔊 走 吼忒哎 曾害叟呦
ze hotele zungheseyo.
住在那家酒店。

"숙소" 指的是"住的地方",并不指"宿舍"。

2월 16일 2月16日

47. 중국에서 왔어요.

A : 어디에서 오셨어요?
哦地爱扫 奥消叟呦?
ediese osyeseyo?
您从哪里来?

B : 중국에서 왔어요.
宗孤盖扫 哇叟呦
zongugese oaseyo.
从中国来。

"에서" 表示出发点。"한국에서 왔어요.(来自韩国)","집에서 왔어요.(从家里来)"。

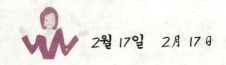

2월 17일 2月17日

48. 여권을 보여 주세요.

A: 여권을 보여 주세요.
要过呢儿 包要足塞呦
yegeunul boye juseyo.
请出示护照。

B: 네, 여기 있습니다.
奈，要个———思母昵达
ne, yegi yisumnida.
好的，在这儿。

"보여주세요"为常用语。
"사진을 보여 주세요.（给我看看照片）", "신분증을 보여 주세요.（给我看看身份证）"

2월 18일 2月 18日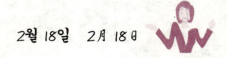

49. 2박 3일 묵을 거예요.

A : 며칠 묵을 거예요?
  咩七儿 木苟儿各也呦?
  myjecil gellyjeseyo?
  要住几天呢?

B : 2박3일 묵을 거예요.
  一吧个萨眯儿 木苟儿各也呦
  yibaksamil gellyjeseyo.
  住三天两宿。

  3박 4일 **三宿四天**
  4박 5일 **四宿五天**

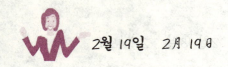

2월 19일　2月19日

50. 모닝콜 해 주세요.

A : 모닝콜 해 드릴까요?
冒拧靠儿 害 的里儿嘎呦?
moningkol ha dulirggayo?
需要叫醒服务吗?

B : 네, 모닝콜 해 주세요.
奈, 冒拧靠儿 害 足塞呦
ne, moningkol ha juseyo.
是的,请叫醒我。

韩语中有很多外来语,例如:
모닝콜(morning call)叫醒服务,
쇼핑(shopping)购物, 슈퍼 마켓
(supermarket)超市,
사인(sign)签字。

2월 20일 2月 20日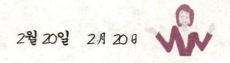

51. 방에 인터넷이 되지요?

A : 방에 인터넷이 되지요?
📢 旁爱 因套奈西 读爱积呦
bange intenesi duejiyo.
房间可以上网吗?

B : 네, 인터넷이 돼요.
📢 奈，因套奈西 读爱呦
ne, intenesi duweyo.
是的，可以上网。

"되다" 意思非常多，在这里表示"可以(上网)"，另外还有"핸드폰 되지요?（手机好用吗？）"，"아침식사 됩니다.（有早饭）"。

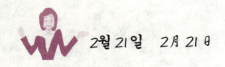

2월 21일 2月21日

52. 어느 방이에요?

A : 어느 방이에요?
📢 哦呐磅一也呦？
enu bangyiyeyo?
是几号房间?

B : 307호 실입니다.
📢 仨牟百个七牟西哩母昵达
sambakqilho silmnida.
307。

其他数字的读法：415（사백십오），1004（천사），20069（이만육십구）。

2월 22일 2月 22日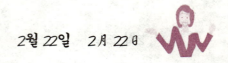

53. 방에 에어콘이 있어요.

A : 방에 에어콘이 있어요?
📢 旁爱 爱鹅靠昵 一叟呦?
bang e yeeconi yiseyo?
屋里有空调吗?

B : 네, 방에 에어콘이 있어요.
📢 奈, 旁爱 爱鹅靠昵 一叟呦
ne, Bang e yeeconi yiseyo
是的，有。

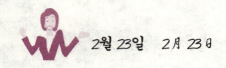

2월 23일 2月 23日

54. 언제든지 말씀하세요.

A : 도움이 필요하면 전화 드릴게요.
   到无米 批撩哈面 草怒啊 的里儿该呦
   doumi pilyjohamyjen zenhua dulilgeyo.
   我需要帮助会和您联系的。

B : 네, 언제든지 말씀하세요.
   奈，哦恩在的恩积 马儿思马塞呦
   ne, enzedunzi malsumaseyo.
   好，随时说吧。

"든지" 表示不加选择。比如："누구든지 참가할 수 있어요.（不管是谁，都可参加）"。

2월 24일 2月 24日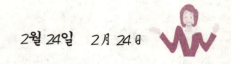

55. 방이 참 깨끗하군요.

A : 방이 어때요?
　　旁一 哦带呦?
　　bangy-i eddyo?
　　房间怎么样?

B : 방이 참 깨끗하군요.
　　旁仪 擦母 盖个他棍呢哟
　　bangy-i cam ggaggutagunyo.
　　房间非常干净。

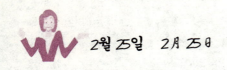

2월 25일   2月 25日

56. 이 방이 저 방보다 더 넓어요.

A : 어느 방이 더 넓어요?
🔊 哦呢 帮一 套 闹儿包呦?
enu bang yi de nelbeyo?
哪个房间更宽敞?

B : 이 방이 저 방보다 넓어요.
🔊 一 帮一 草帮不奥大 闹儿包呦
yi bang yi ze bang boda nelbeyo.
这个房间比那个宽敞。

"보다" 表示比较。"동생이 형보다 키가 커요.(弟弟比哥哥高)", "이 책이 저 책보다 좋아요.(这本书比那本书好)"。

2월26일 2月26日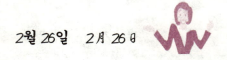

57. 아침 식사는 몇 시에 해요?

A : 아침 식사는 몇 시에 해요?
 🔊 啊气母 西个洒嫩 秒西爱 害呦?
 acim siksanun myesie hayo?
 早饭是几点吃?

B : 7시부터 8시까지입니다.
 🔊 一儿高不西扑套 呀到儿西嘎机一母昵
 达
 yilgobsibute yedersiggajiyimnida.
 从7点到8点。

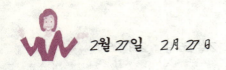

2월 27일 2月 27日

58. 방에서도 국제전화를 걸 수 있나요?

A : 방에서도 국제전화를 걸 수 있나요?
旁爱扫到 孤个在草奴啊了儿 高儿 苏因那呦?
bangesedo gukjezenhualul gel su yinayo?
房间里也可以打国际电话吗?

B : 네, 국제전화가 됩니다.
奈, 孤个在草奴啊嘎 读爱母昵达
ne, gukje zenhuaga duemnida.
是的，可以打国际电话。

2월 28일 2月 28日

59. 중국어 채널도 볼 수 있어요?

A : 중국어 채널도 볼 수 있어요?
　　宗孤沟 才闹儿到 包儿 苏 一叟呦?
　　zongguge caneldo bol su yiseyo?
　　也可以看汉语频道吗?

B : 물론이지요.
　　冒儿捞昵积呦
　　mulonijiyo.
　　当然可以。

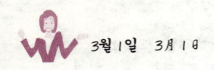

3월1일 3月1日

60. 한국 사람들은 참 친절해요.

A : 한국사람들이 어땠어요?
🔊 含古个洒拉木的里 哦带叟呦
hanguk salamduli eddeseyo.
韩国人怎么样?

B : 한국사람들은 참 친절해요.
🔊 含古个洒拉木的了恩 擦木 亲早来呦
hanguk salamdulun cam qinzeleyo.
韩国人都很热情。

3월2일 3月2日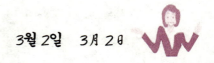

61. 샤워는 아무 때나 할 수 있지요?

A : 샤워는 아무 때나 할 수 있지요?
🔊 下窝嫩 啊木 带那 哈儿 苏 一积呦?
sayonun amuddena hal su yijiyo.
不论什么时候都可以洗澡吗?

B : 그럼요, 24시간 온수가 있어요.
🔊 可捞谬，一西不萨西干 奥恩苏嘎 一叟呦
gulumyo, yisibsasigan onsuga yiseyo.
当然，24小时有热水。

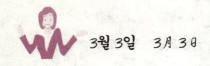

3월 3일   3月 3日

62. 지금 룸 서비스가 가능합니까?

A : 지금 룸 서비스가 가능합니까?
   积个木 路木 扫比思嘎 卡能哈母昵嘎?
   jigum rum sevisuga ganunghamnigga?
   现在可以提供客房用餐服务吗?

B : 네, 금방 해 드리겠습니다.
   奈, 个木帮 害 得力盖思母昵达
   ne, gumbang ha duligesumnida.
   是, 这就给您办理。

3월 4일 3月 4日

63. 편히 주무셨어요?

A : 편히 주무셨어요?
片昵 足木肖叟呦?
pyjeni zumusyeseyo?
睡得好吗?

B : 네, 잘 잤어요.
奈, 嚓儿 咋叟呦
ne, zal zaseyo.
睡得好。

편히 舒服地
주무시다 睡（敬体）
자다 睡

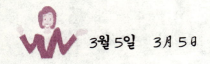 3월 5일 3月 5日

64. 일곱 시에 일어났어요.

A : 아침에 몇 시에 일어났어요?
 啊气卖 秒西爱 一捞那叟呦?
 acime myesie yilenaseyo?
 早上几点起来的?

B : 일곱 시에 일어났어요.
 一儿高不西爱 一捞那叟呦
 yirgobsie yilenaseyo.
 早上7点钟起来的。

3월 6일　3月 6日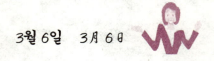

65. 키는 어디에 보관해요?

A : 키는 어디에 보관해요?
　　可一嫩　哦地爱　包关害呦?
　　kinun edie boguanhayo?
　　钥匙放到哪儿保管?

B : 키는 카운터에 보관하세요.
　　可一嫩　卡温套爱　保关哈塞呦
　　kinun kauntee boguanhaseyo.
　　钥匙请放到服务台保管。

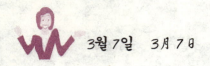

3월 7일　3月7日

66. 화장실에 가도 되지요?

A：화장실에 가도 되지요?
　　话脏西来 卡到 土爱积呦
　　huazangsire gado duejiyo.
　　可以去一下洗手间吗?

B：네, 아직 시간이 있습니다.
　　奈，啊积个 西嘎昵 一思母昵达
　　ne, ajik sigani yisumnida.
　　好，还有时间。

"아/어도 되다" 为句型。
먹어도 돼요. 吃也可以。
들어가도 됩니다 进去也可以。

3월 8일 3月8日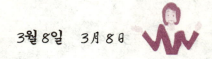

67. 사계절이 분명해요.

A : 서울은 사계절이 분명해요.
瑟呜仑 仁该走哩 补恩冥咳呦
seoulun sagezeli bumyjengheyo.
首尔四季分明。

B : 그래요? 베이징과 비슷하네요.
克来呦? 北京呱 匹丝沓乃呦
gureyo? Bukgyjenggoa bisutaneyo.
是吗? 那和北京差不多。

"와/과 비슷하네요" 为句型。比如: "여기와 비슷하네요.(和这儿差不多)", "어제와 비슷하네요.(和昨天差不多)"。"네요" 表示轻微的感叹。

67

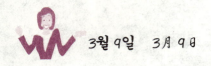

3월 9일   3月 9日

68. 한국에 처음 와요.

A : 한국에 처음 오세요?
含古盖 草鹅母 奥塞呦?
hanguge ceum oseyo?
您第一次来韩国吗?

B : 네, 한국에 처음 와요.
奈, 含古盖 草鹅母 哇呦
ne, hanguge ceum wayo.
是的,第一次来韩国。

3월 10일 3月 10日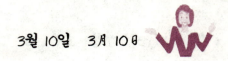

69. 가이드한테 물어보세요.

A : 내일은 어디 가요?
乃一了恩 哦地 卡呦?
neyil edi gayo?
明天去哪儿?

B : 가이드한테 물어보세요.
卡一得含忒 牟喽卜赛呦
gayiduhante muleboseyo.
您问导游吧。

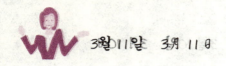 3월 11일 3月 11日

70. 내일은 민속촌에 가요.

A : 내일은 어디에 갑니까?
 奈一了恩 哦地爱 卡木昵嘎?
 neyirun edie gamnigga?
 明天去哪儿?

B : 내일은 민속촌에 가요.
 奈一了恩 民扫个草奈 卡呦
 neyirun minsokcone gayo.
 明天去民俗村。

3월 12일 3月 12日

71. 9시에 로비에 모이세요.

A : 9시에 로비에 모이세요.
啊后不西爱 捞比爱 冒一塞呦
ahobsie lobie moyiseyo.
请9点在大厅集合。

B : 네, 알겠습니다.
奈，啊儿盖思母昵达
ne, algesumnida.
恩，知道了。

3월 13일 3月 13日

72. 민속촌에 가 보셨어요?

A : 민속촌에 가 보셨어요?
民扫个草奈 卡 包消叟呦?
minsokcone ga bosyjeseyo?
去过民俗村吗?

B : 네, 한국문화를 잘 체험할 수 있었어요.
奈, 含古个木怒啊了儿 杂儿 才浩马儿 苏 一叟叟呦
ne, hanguk munualul zal cehemhal su yiseyo.
是的, 很好地体验了一下韩国文化。

농악（农乐）　　　　널뛰기（跳板）
-1회공연: 11:00　　-1회 공연:11:30
-2회 공연　　　　　-2회 공연
3월~10월15:00　　　3월~10월 15:30
11월~2월14:30　　　11월~2월15:00
-장소:공연장　　　 -장소:공연장

3월 14일　3月 14日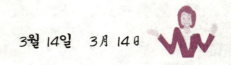

73. 한강이 참 아름답군요.

A : 한강이 참 아름답군요.
📢 韩刚一 擦母 啊了木大不滚昵用
hanging-I cam alumdabgunyo.
汉江真美啊!

B : 네, 마치 그림 같아요.
📢 奈, 马气 可里木卡他呦
ne, maci gulimgatayo.
是啊, 像画一样。

汉江与"六三"大厦

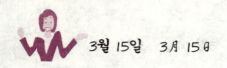

3월 15일   3月 15日

74. 한강에는 다리가 참 많군요.

A : 한강에는 다리가 참 많군요.
   韩刚爱嫩 他里嘎 擦木 满困呢用
   hangange daliga cam mankunyo.
   汉江上桥真多啊。

B : 네, 밤에 보면 참 아름다워요.
   奈, 怕卖 包面 擦木 啊了木大窝呦
   ne, bame bomyeon cam arumdawoyo.
   是，晚上看的话真的很美。

3월 16일 3月 16日

75. 난타극장에 가 보셨어요?

A : 난타극장에 가 보셨어요?
难他个个脏爱 卡 包消叟呦?
nantagukzang-e ga bosyeseyo?
去过乱打剧场吗?

B : 네, 기분이 참 좋았어요.
奈, 可一不昵 擦木 粗啊叟呦
ne, gibuni cam zoaseyo.
是, 玩得可开心了。

난타 乱打
以器物游戏的旋律为素材进行戏剧化创造的舞台演出形式。演出时就像拳击比赛中选手发力出击一样, 由演员任意发力击打各种器具。

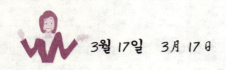

3월 17일 3月 17日

76. 어느 쇼핑센터가 유명해요?

A : 명동에는 어느 쇼핑센터가 유명해요?
🔊 秒昂动爱嫩 哦呢 消平三套嘎 有名害呦?
myeongdong-enun enu sopingsentega youmyeonghayo?
在明洞哪个购物中心有名?

B : 명동에는 밀리오레가 유명해요.
🔊 秒昂动爱嫩 米儿里奥来割 有名害呦
myengdong-enun mirliolega youmyenghayo.
明洞的米里奥莱购物中心街很有名。

3월 18일　3月 18日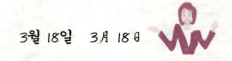

77. 이태원에 가 보셨어요?

A : 이태원에 가 보셨어요?
一太窝奈 卡 包消叟呦?
yitayone ga bosyeseyo.
去看过梨泰院吗?

B : 네, 외국인이 참 많았어요.
奈, 外孤个一昵 擦木 马那叟呦
na, yuegugini cam manaseyo.
是，外国人很多。

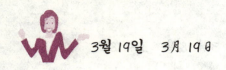

3월 19일   3月 19日

78. 용산 전자상가는 가격이 좀 싸요.

A : 용산 전자상가는 가격이 좀 싸요.
📢 用三 参杂桑嘎嫩 卡个要个一 早木 洒呦
yongsan jenja sangganun zom ssayo.
龙山电子一条街价格比较便宜。

B : 그럼 거기 가서 카메라를 사야겠군요.
📢 可捞木 靠个一 卡扫 卡卖拉了儿 洒呀该叟呦
gurum gegi gase cameralul sayagegunyo.
那么该去那里买个相机。

3월 20일　3月 20日

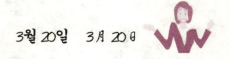

79. 인사동에서 샀어요.

A : 이 공예품은 어디서 샀어요?
　　一 工也扑门 哦地扫 洒叟呦?
　　yi gongyepumun edise sasseyo?
　　这个工艺品是在哪儿买的?

B : 인사동에서 샀어요.
　　因洒动爱扫 洒叟呦
　　yinsadongese sasseyo.
　　在仁祠洞买的。

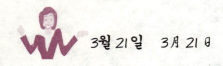

3월 21일 3月 21日

80. 남대문 시장에 어떻게 가요?

A : 남대문 시장에 어떻게 가요?
 那木带门 西藏爱 哦到开 卡呦?
 namdemunsizang-e eddeke gayo?
 怎么去南大门市场?

B : 지하철 2호선을 타세요.
 积哈草了儿 一号扫呢儿 他塞呦
 jihacel yihosenul taseyo.
 请坐地铁2号线去。

3월 22일 3月 22日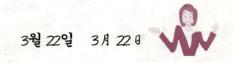

81. 서울 지도를 살 수 있어요?

A : 서울 지도를 살 수 있어요?
🔊 扫无儿 积到了儿 洒儿 苏 一叟呦?
seul jidolul salsu yiseyo?
能买到首尔地图吗?

B : 네, 서점에 가면 살 수 있어요.
🔊 奈, 扫早迈 卡面洒儿 苏 一叟呦
ne, sezeme gamyjen salsu yiseyo.
能，去书店能买。

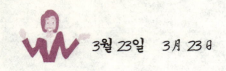

3월 23일 3月 23日

82. 한국에서 찍은 사진 보여 주세요.

A : 한국에서 찍은 사진 보여 주세요.
🔊 含古盖扫 几跟 洒进 包要 足塞呦
hangugese jjigun sajin boyejuseyo.
让我看看在韩国照的照片。

B : 와, 참 멋지네요.
🔊 哇, 擦木 某积奈呦
wa, cam mejineyo.
哇，真帅。

3월 24일 3月 24日

83. 은행은 연중무휴예요?

A : 은행은 연중무휴예요?
鹅呢应恩 眼宗木和有也呦?
unhangun yjenzongmuhiuyeyo?
银行没有休息日吗?

B : 아니에요, 은행은 공휴일에 쉬어요.
啊昵也呦, 鹅呢应恩 工和优一来 需哦呦
aniyeyo, gonghiuyilule suieyo.
不，银行公休日休息。

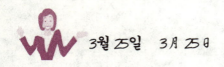

3월 25일 3月 25日

84. 은행직원이 참 친절해요.

A : 은행에 갔다오셨어요?
📢 鹅拧爱 卡达奥消叟呦?
unheang e gadda oseyjeseyo.
您去银行了吗?

B : 네, 은행직원이 참 친절해요.
📢 奈, 鹅拧几关昵 擦木亲遭来呦
ne, unhengzigueni cam cinzelheyo.
是，银行职员真热情。

银行

3월 26일 3月 26日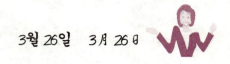

85. 롯데백화점은 어디 있어요?

A : 롯데백화점은 어디 있어요?
🔊 捞带百夸早门 哦地 一叟呦?
lotte bakuazemun sdi yiseyo?
乐天百货在哪儿?

B : 롯데백화점은 남대문 근처에 있어요.
🔊 捞带百夸早门 那木带门 跟草爱 一叟呦
lotte bakuazemun namdemun guncee yiseyo.
乐天百货在南大门附近。

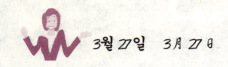

3월 27일 3月 27日

86. 경복궁에는 중국어 가이드가 있어요.

A : 경복궁에는 중국어 가이드가 있어요.
📢 吭包工爱嫩 宗孤沟 卡伊的嘎 一叟呦
gyjengbokgongenun zongguge gayiduga yiseyo.
在景德宫有汉语导游。

B : 그래요? 그럼 참 편하겠네요.
📢 克来呦? 可捞母 擦母 飘那盖奈呦
guleyo? Gulem cam pyjenhagenneyo.
是吗? 那可真方便。

3월 28일　3月 28日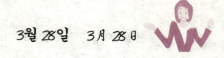

87. 여기가 어디예요?

A : 여기가 어디예요?
　　耶个一嘎　哦地也呦?
　　yjegiga ediyeyo?
　　这是哪儿?

B : 여기는 경복궁이에요.
　　耶个一嫩　吭包工一也呦
　　yjeginun gingbogongyiyeyo.
　　这里是景福宫。

景福宫　庆会楼

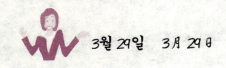

3월 29일 3月 29日

88. 에버랜드에 가 본 적이 있어요?

A : 에버랜드에 가 본 적이 있어요?
爱宝莱恩的爱 嘎 报恩 早各一 一叟呦?
evelandue gabonzegi yisseyo?
去过爱宝乐园吗?

B : 네, 너무 재미있었어요.
奈, 闹母 在米一叟叟呦
ne, nemu zemiyiseseyo.
去过, 可有意思了。

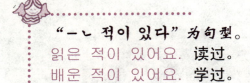

"ーㄴ 적이 있다" 为句型。
읽은 적이 있어요. 读过。
배운 적이 있어요. 学过。

3월 30일 3月 30日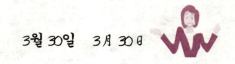

89. 놀이기구를 탔어요.

A : 롯데 월드에서 뭘 했어요?
📢 捞乃 窝儿的爱扫 磨儿 害叟呦?
lode worduese muel haseyo?
在乐天世界做什么了?

B : 놀이기구를 탔어요.
📢 恼里 可一孤了儿 他叟呦
noligigurul taseyo.
坐了游戏器械。

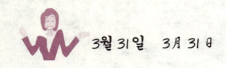

3월 31일 3月 31日

90. 제가 음료수를 사 올게요.

A : 뭘 좀 마시고 싶은데요.
 🔊 磨儿 早木 马西高 西喷带呦
 muel zom masigo sipundeyo.
 真想喝点什么。

B : 제가 음료수를 사 올게요.
 🔊 在嘎 鹅木牛苏了儿 洒 奥儿盖呦
 jega umnyosurul sa olgeyo.
 我去买点饮料。

4월 1일 4月1日

91. 사진을 찍어 주세요.

A : 여기가 경회루입니다.
📢 要各一嘎 可样坏路一母昵达
yegiga gyengheeruyimnida.
这儿是庆会楼。

B : 그래요? 빨리 사진을 찍어 주세요.
📢 可来呦? 八儿里 洒积呢儿 积高足塞呦
gureyo? Bbalri sajinul jjege juseyo.
真的? 快给我照张相吧。

4월2일 4月2日

92. 예쁘게 찍어 주세요.

A : 아저씨, 예쁘게 찍어 주세요.
啊早西，也不盖 积高足塞呦
azessi, yebbuge jjige juseyo.
大叔，请照得漂亮点。

B : 걱정 마세요. 자, 김치.
靠个增马塞呦，扎，可一木气
gekzengmaseyo. za, gimci.
别担心。来，笑一个！

韩国人在照相时说"김치"，如同我们说"茄子"一样。

4월 3일 4月 3日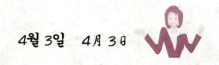

93. 카메라만 갖고 왔어요.

A : 캠코더는 안 갖고 오셨어요?
 开木靠到嫩 安 卡高 奥消叟呦?
 kamkodenun an gago osyeseyo?
 没带录音、相机一体机（VTR）吗？

B : 네, 카메라만 갖고 왔어요.
 奈, 卡卖拉满 卡高 哇叟呦
 ne, kameraman gago oaseyo.
 没带，只带了相机。

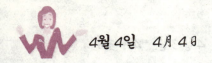

4월 4일 4月4日

94. 남산 타워에 올라가 보았어요?

A : 남산 타워에 올라가 보았어요?
 🔊 那木三 他窝爱 奥儿拉嘎 包啊叟呦?
 namsan tawoe ollaga boaseyo?
 登过南山塔了吗?

B : 네, 서울 시내가 다 보였어요.
 🔊 奈, 扫无儿 西奈嘎 大 包要叟呦
 ne, seul sinega da boyjeseyo.
 是，从上面能看到首尔全景。

4월 5일 4月5日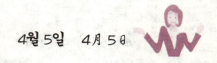

95. 강남은 정말 번화해요.

A : 강남은 정말 번화해요.
　抗那门　曾马儿　包奴啊害呦
　gangnamun zengmal benhuaheyo.
　江南真繁华呀。

B : 네, 길도 넓고 고층빌딩도 많아요.
　奈，可一儿到　闹儿高　高曾比儿丁到
　马那呦
　ne, gildo nelgo gocungbildingdo manayo.
　是，路很宽，高层建筑很多。

江南区夜景

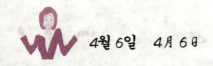

4월 6일 4月6日

96. 대학로는 사람들이 참 많군요.

A : 대학로는 사람들이 참 많군요.
　📢 带航闹嫩 洒拉木的里 擦木 满困昵用
　dehangnonun saramduri cam mankunyo.
　大学路上人可真多。

B : 네, 근처에 대학이 많이 있잖아요.
　📢 奈，跟草奈 带哈个一 马昵 一杂那呦?
　na, gumce-e dahagi mancanayo.
　是，附近不是有很多大学嘛。

4월 7일 4月 7日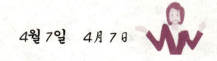

97. 영화 구경 갈까요?

A : 영화 구경 갈까요?
应话 孤可样 卡儿嘎呦?
yeonghua gugyeng galggayo?
去看电影吗?

B : 네, 마침 저녁에 시간이 있어요.
奈, 马气木 草鸟盖 西嘎昵 一叟呦
na, macim zenyege sigani yiseyo.
恩, 正好晚上有时间。

"ㄹ 까요" 为句型, 表示询问对方的意见或邀请对方一起做什么, 如, "피자를 먹을까요? (吃比萨饼好吗?)"

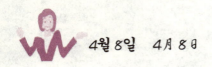

4월 8일　4月 8日

98. 어떤 영화였어요?

A : 어떤 영화였어요?
哦到恩 应话要叟呦?
edun yeonghuayeseyo?
看了什么电影?

B : 만화영화였는데 재미있었어요.
马努啊应话要嫩带 在米一叟叟呦
manuayeonghuayenunde zemiyiseseyo.
看了漫画电影，很有意思。

4월 9일 4月9日

99. 영화표는 어디서 팔아요?

A : 영화표는 어디서 팔아요?
 应话票嫩 哦地扫 怕拉呦?
 yeonghuapyonun edise parayo?
 哪里卖电影票?

B : 저기서 파는 것 같은데요.
 草各有扫 怕嫩 高 特恩带呦
 zegise panunge gatundeyo.
 那里好像是卖票的地方。

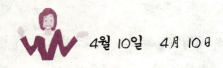
4월 10일 4月 10日

100. 지하철 표는 어떻게 사요?

A : 지하철 표는 어떻게 사요?
积哈草儿 票嫩 哦到开 洒呦?
jihacel pyonun edeke sayo?
怎么买地铁票?

B : 저기 자동판매기에서 사요.
草个一 杂动盘卖各一爱扫 洒呦
zegi zadongpanmagiese sayo.
去那个自动售货机买。

4월 11일 4月11日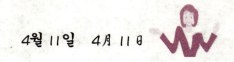

101. 광화문까지 두 장 주세요.

A : 표 몇 장 드릴까요?
票 秒脏 的里儿嘎呦?
pyo myezang durilggayo?
请问买几张?

B : 광화문까지 두 장 주세요.
光话门嘎积 读脏 足塞呦
guanghuamunggji duzang juseyo.
请给我两张去光华门的票。

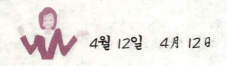

4월 12일   4月 12日

102. 동대문에 가려고 하는데요.

A : 동대문에 가려고 하는데요.
　🔊 动带木奈 卡撩高 哈嫩带呦
　dongdamune garyego hanundeyo.
　我想去东大门。

B : 다음 역에서 내리세요.
　🔊 他鹅木 要盖扫 奈里塞呦
　daum yegese nariseyo.
　请下一站下。

4월 13일 4月13日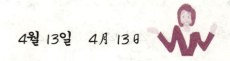

103. 그럼 해수욕을 할 수 있겠네요.

A : 내일은 동해안에 갑니다.
奈一了恩 动害啊奈 卡不西达
nayirun donghaane gamnida.
明天去东海岸。

B : 그럼 해수욕을 할 수 있겠네요.
可捞木 害苏有个儿 哈儿苏 一盖奈呦
gurum hasuyeogul hal su yigeneyo.
那么明天能洗海水浴了。

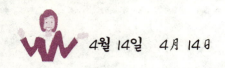
4월 14일 4月 14日

104. 설악산에 가면 스키를 탈 수 있어요.

A : 설악산은 뭐가 유명하지요?
📣 扫拉个洒嫩 磨嘎 有名哈积呦?
selaksanun muega youmyjenghajiyo?
雪岳山什么有名?

B : 설악산에 가면 스키를 탈 수 있어요.
📣 扫拉个洒奈 卡面 思个一了儿 他儿 苏 一叟呦
selaksane gamyjen sukilul tal su yiseyo.
去雪岳山可以滑雪。

대청봉코스
大青峰线路

외설악코스
外雪岳线路

내설악코스
内雪岳线路

남설악코스
南雪岳线路

4월 15일 4月 15日

105. 설악산은 겨울에만 관광객이 많아요?

A : 설악산은 겨울에만 관광객이 많아요?
🔊 扫拉个洒嫩 可要无来满 关光该个一 马那呦?
seragsanun gyeureman guanguanggegi manayo?
雪岳山只是冬天有很多游客吗?

B : 아니, 가을에도 단풍이 정말 아름다워요.
관광객도 많이 와요.
🔊 啊昵奥, 卡鹅来到 谈碰一 曾马儿 啊了木大窝呦
ani, garedo danpong-i zengmal arumdawoyo, guanguanggegdo mani wayo.
不, 秋天有美丽的红叶, 也有很多游客来。

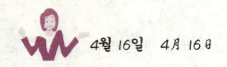

4월 16일 4月 16日

106. 서울에서 부산까지 얼마나 멀어요?

A : 서울에서 부산까지 얼마나 멀어요?
📢 扫无来扫 扑三嘎积 鹅儿马那 冒捞呦
seulese busanggazi elmana meleyo?
从首尔到釜山有多远?

B : 기차로 네 시간 걸려요.
📢 可一擦捞 奈 西干 靠儿撩呦
gicalo ne sigan gelyjeyo.
坐火车要4个小时。

4월 17일 4月 17日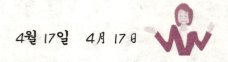

107. 해수욕장이 정말 마음에 들었어요.

A : 부산에서는 뭐가 좋았어요?
📢 扑洒奈扫嫩 磨嘎 粗啊叟呦?
busanesenun muega zoaseyo?
釜山什么好玩?

B : 해수욕장이 정말 마음에 들었어요.
📢 害苏又个脏一 曾马儿 马鹅卖 的捞叟呦
hesuyjokzangyi zengmal maume duleseyo.
对海水浴场非常满意。

釜山海云台海水浴场

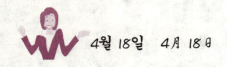 4월 18일 4月 18日

108. 부산은 어떤 도시예요?

A : 부산은 어떤 도시예요?
📢 扑洒嫩 哦到恩 道喜也呦?
busanun edun dosiyeyo?
釜山是一个什么样的城市?

B : 부산은 국제적인 항구도시예요.
📢 扑洒嫩 孤个在早个因 航孤道喜也呦
busanun gukjejegin hanggudosiyeyo.
釜山是一个国际性港口城市。

4월 19일 4月 19日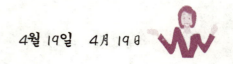

109. 부산의 영화제는 유명해요.

A : 부산의 영화제는 유명해요.
🔊 扑洒奈 应化在嫩 有名害呦
busane yjenghuajenun youmyjengheyo.
釜山电影节很有名。

B : 그래요? 많은 배우들이 참석하겠네요.
🔊 可来呦? 马嫩 百无的里 擦木扫卡盖乃
呦
guleyo? Manun beuduli camsekagenneyo.
是吗? 有很多演员都会参加的吧。

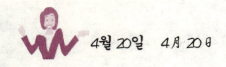 4월 20일 4月 20日

110. 제주도는 뭐가 유명해요?

A : 제주도는 뭐가 유명해요?
🔊 在足到嫩 磨嘎 有名害呦?
jezudonun muega youmyjengheyo?
济州岛什么有名?

B : 여자, 돌, 바람이 유명해요.
🔊 要杂, 到儿, 怕拉米 有名害呦
yjeza, dol, balami youmingheyo.
女子、石头、风有名。

4월 21일　4月 21日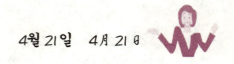

111. 제주도에 신혼여행을 왔어요.

A : 제주도에 어떻게 오셨어요?
📢 再足到爱　哦到开　奥消叟呦?
jezudoe edeke osyjejiyo?
怎么来济州岛了?

B : 신혼여행을 왔어요.
📢 新婚有和应儿 哇叟呦
xinonyjehangul oaseyo.
来新婚旅行。

韩国人大多选择济州岛为新婚旅行地。济州岛开辟了很多适合新婚夫妇的旅行项目，备受新婚夫妇的欢迎。

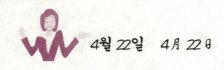 4월 22일 4月 22日

112. 제주도의 어디어디 구경하셨어요?

A : 제주도의 어디어디 구경하셨어요?
   🔊 再足到爱 哦地哦地 孤可样哈消叟呦?
   jezudoe ediedi gugyenghasyeseyo?
   都去济州岛什么地方玩了?

B : 한라산과 백록담을 보았어요.
   🔊 哈儿拉三挂 并闹个大么儿 包啊叟呦
   hanasangua banokdamul boaseyo.
   去了汉拿山和白鹿潭。

4월 23일 4月 23日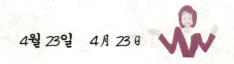

113. 서귀포 해안 유람선을 탔어요.

A : 어제는 뭘 하셨어요.
哦在嫩 磨儿 哈消叟呦?
ejenun muel hasieseyo?
昨天干什么了?

B : 서귀포 해안 유람선을 탔어요.
扫古于泡 害安 有拉木扫呢儿 他叟呦
seguipo haan youramsenl taseyo.
乘坐了西归浦海岸游船。

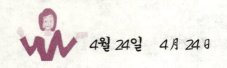 4월 24일 4月 24日

114. 경주는 무엇이 유명해요?

A : 경주는 무엇이 유명해요?
　可样足嫩　木哦西　有名害呦?
　gyjengzunun mesi youmyjengheyo?
　庆州什么有名?

B : 경주는 불국사가 유명해요.
　可样足嫩　不儿　孤个洒嘎　有名害呦
　gyjengzunun bulguksaga youmyjengheyo.
　佛国寺有名。

4월 25일 4月25日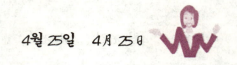

115. 경치가 좋아요?

A : 경치가 좋아요?
📢 克英七嘎 走啊呦?
gyjengciga zoayo?
景色好吗?

B : 네, 경치가 아름다워요.
📢 奈, 克英七嘎 啊了牟哒我呦。
ne, gyjengciga arumdaueyo.
是, 风景很美。

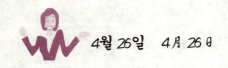 4월 26일 4月 26日

116. 관광객이 많아요.

A : 연휴에는 관광객이 많지요?
耶妞哎嫩 宽光该个一 满七呦?
yjenhiuenun guanguanggegi manciyo?
节假日游客多吧。

B : 네, 어디나 관광객이 많아요.
奈, 哦地哪 宽光该个一 马哪呦
ne, edina guanguanggekgi manayo.
是, 哪儿游客都很多。

4월 27일 4月27日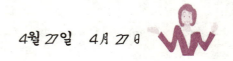

117. 볼 거리, 먹거리가 많아요.

A : 볼 거리, 먹거리가 많아요?
📢 卜儿勾哩, 某勾哩嘎 马哪呦?
borgeli mekgeliga manayo?
好看的，好吃的多吗?

B : 네, 볼 거리, 먹거리가 많아요.
📢 奈, 卜儿勾哩, 某勾哩嘎 马哪呦
ne, Borgeli mekgeliga manayo.
是，好看的，好吃的都很多。

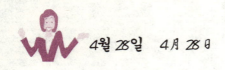 4월 28일   4月 28日

118. 어디가 인상적이었어요?

A : 어디가 인상적이었어요?
🔊 哦地嘎 引桑走个一哦叟呦?
ediga yinsngzegiyjeseyo?
对哪儿印象深呢?

B : 바닷가가 인상적이었어요.
🔊 啪嗒嘎嘎 引桑走个一哦叟呦
badaggaga yinsangzegiyjeseyo.
对海边印象深。

4월 29일 4月 29日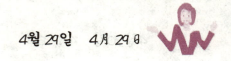

119. 쇼핑 가려고 해요.

A : 오늘 뭐 해요?
奥呢儿 磨 害呦?
onul mue heyo?
今天做什么?

B : 쇼핑 가려고 해요.
消平 卡撩高 害呦
syjoping galyjego heyo.
想去购物.

"뭐" 为 "무엇을" 的缩略语，对话中缩略语用得非常多。"이것이→이게", "무엇이→뭐"。

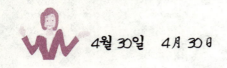 4월 30일 4月 30日

120. 마침 백화점에 가려던 참이었어요.

A: 저는 백화점에 가려고 해요.
🔊 草嫩 百垮早卖 卡撩高 害呦
zenun bakuazeme galyjego heyo.
我想去商场。

B: 저도 마침 백화점에 가려던 참이었어요.
🔊 草到 马气木 百跨早迈 卡撩的恩 擦米哦叟呦
zedo macim bekuazeme galyjeden camyiyeseyo.
我也正想去来着。

"려던 참이다" 为句型。如,"도서관에 가려던 참이었어요.(正想去图书馆来着)"。

5월 1일 5月 1日

121. 면세점에서 샀어요.

A : 이 화장품을 어디서 샀어요?
 一 话脏扑么儿 哦地扫 洒叟呦?
 yi huazangpumul edise sasseyo?
 这个化妆品在哪儿买的?

B : 공항 면세점에서 샀어요.
 工航 面塞早迈扫 洒叟呦
 gonghang myjesezemese sasseyo.
 在机场免税店买的。

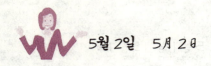 5월 2일 5月 2日

122. 뭘 도와 드릴까요?

A : 뭘 도와 드릴까요?
 么儿 透哇得哩儿嘎呦?
 muel doa dulirggayo?
 您想买什么?

B : 가방을 사려고 하는데요.
 卡磅儿 仨了勾 哈嫩代呦
 gabangul salyjego hanundeyo.
 我想买个包。

5월 3일 5月 3日

123. 이거 얼마예요?

A : 이거 얼마예요?
 一勾 哦儿吗也呦?
 yige elmayeyo?
 这个多少钱?

B : 이거 3만원입니다.
 一勾 仨牟百郭思母昵达
 yige sambeguannimda.
 这个3万元。

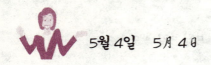

5월4일 5月4日

124. 선물을 사러 가요.

A : 왜 백화점에 가요?
外 百夸走迈 卡呦?
yoe bekuazeme gayo?
去商场干什么?

B : 선물을 사러 가요.
瑟恩车乐儿 仨喽 卡呦
sunmulul sale gayo.
去买礼物。

"러 가다"为句型。如"영화를 보러 가요.（去看电影）"，"식사하러 가요.（去吃饭）"。

5월 5일　5月5日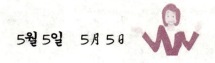

125. 다른 거 주세요.

A : 다른 거 주세요.
沓仑 勾 组赛呦
darunge zuseyo.
给我别的吧。

B : 네, 여기 있습니다.
奈，蚴个一 一思母昵达
ne, yjegi yisumnida.
好，这个给您。

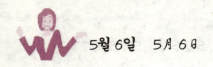

5월6일 5月6日

126. 까만 색으로 주세요.

A : 어떤 색을 원하세요?
📢 哦到恩 塞个儿 温哈塞呦?
edden sagul yuenhaseyo?
喜欢什么颜色?

B : 까만 색으로 주세요.
📢 嘎满 塞个捞 足塞呦
gagman seguro zuseyo.
给我黑色的吧。

"으로" 表示选择，所以比起 "까만색을"，"까만색으로" 表达更为自然、地道。

5월 7일　5月 7日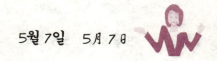

127. 싸게 해 주세요.

A : 싸게 해 주세요.
　萨该 咳 组赛呦
　ssage he zuseyo.
　给我便宜点吧。

B : 안 돼요.
　安队爱呦
　andoeyo.
　不行。

"게"接在形容词后使其变为副词。
즐겁게 지내요. 过得开心。
맛있게 먹어요. 吃得香。

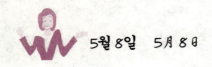

5월 8일 5月 8日

128. 세일을 해요.

A : 왜 백화점에 사람이 많아요?
外 百夸走迈 仁拉米 吗哪呦?
yoe bekuazeme sarami manayo?
为什么商场人多?

B : 세일을 해요.
赛一乐儿 害呦
seyilul heyo.
因为打折。

5월 9일　5月 9日

129. 다 팔렸어요.

A : 왜 가방을 안 샀어요?
📢 外 卡磅儿 安 仨叟呦?
yoe gabangul an saseyo?
为什么没买包?

B : 다 팔렸어요.
📢 沓 啪儿了叟呦
da palyjeseyo.
卖没了。

"팔리다"为"팔다"的被动态。如，
"잘팔려요.（卖得好）"。

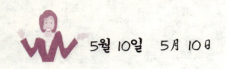

5월 10일 5月 10日

130. 이 바지 바꿔 주세요.

A : 이 바지 바꿔 주세요.
 一 啪几 啪郭 组赛呦
 yi bazi bagguwo zuseyo.
 请给我换一下这条裤子。

B : 네, 잠시만 기다리세요.
 奈，咋牟西曼 克一哒哩赛呦
 ne, zamsiman gidaliseyo.
 好，稍等片刻。

5월 11일 5月 11日

131. 어떤 옷을 좋아하세요?

A : 어떤 옷을 좋아하세요?
哦到恩 奥色儿 粗啊哈塞呦?
sdden osul zoahaseyo
喜欢什么样的衣服?

B : 편한 캐주얼이 좋지요.
票难 开组哦里 粗气呦
pyjenhan kezueli zociyo.
喜欢休闲装。

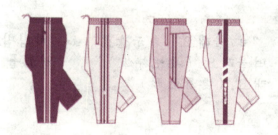

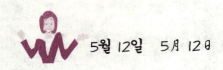

5월 12일 5月12日

132. 바지가 꼭 끼는 것 같아요.

A : 바지가 꼭 끼는 것 같아요.
趴几嘎 高个 几嫩 高 卡他呦
baziga ggok gginun ge gatayo.
裤子好像有些瘦。

B : 그래요? 그럼 다른 걸 입을래요.
可来呦? 可捞木 他了恩 高儿 一不儿 来呦
gureyo? Gurem darungel yibuleyo.
是吗? 那我穿别的。

"ㄹ/을래요"表示意愿。如 "비빔밥을 먹을래요.(要吃拌饭)", "영화를 볼래요.(要看电影)"。

5월 13일 5月 13日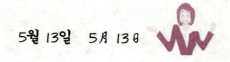

133. 옷이 너무 헐렁해요.

A : 이 옷이 너무 헐렁해요.
　　一 奥西 闹木 好儿冷害呦
　　yi osi nemu henglengheyo.
　　这件衣服太肥了。

B : 그럼, 작은 사이즈를 입어 보세요.
　　可捞木, 扎跟 洒一滋了儿 一包塞呦
　　gurem zagun sayizurul yibeboseyo.
　　那么穿小尺码的看看。

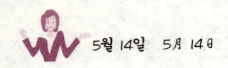

5월 14일 5月 14日

134. 이 신발이 편해요.

A : 이 신발이 편해요.
  一 新把里 票奈呦
  yi dinbanli pyjenheyo.
  这双鞋舒服。

B : 그럼 그걸 사세요.
  可老木 可 高儿 洒塞呦
  gurum gugel saseyo.
  那么就买那双吧。

5월 15일　5月 15日

135. 그 가방이 마음에 들어요.

A : 어느 것이 마음에 들어요?
哦呢 高西 马鹅卖 特捞呦?
enu gesi maume duleyo?
看中了哪个？

B : 그 가방이 마음에 들어요.
可 卡帮一 马鹅卖 特捞呦
gu gabang yi maume duleyo.
看中了那个包。

"마음에 들다" 意为 "称心"，如 "그 사람이 마음에 들어요.（对那个人比较中意）"，"이 색이 마음에 들지 않아요.（不太满意这种颜色）"。

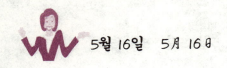

5월 16일 5月 16日

136. 스카프를 사 드렸어요.

A: 어머님께 뭘 사 드렸어요?
哦冒昵木该 磨儿 洒的撩叟呦?
emenimgge muel sa sulyjeseyo?
给妈妈买了什么？

B: 스카프를 사 드렸어요.
思卡扑了儿 洒 的撩叟呦
sukapurul sa dulyjeseyo.
买了围巾。

"께"为"에게"的敬语。如"선생님께 물어보았어요.（问了老师）"，"어머니께 전화 했어요.（给妈妈打电话）"。

5월 17일　5月17日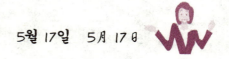

137. 하얀 색을 좋아해요.

A : 어떤 색을 좋아해요?
　　哦到恩　塞个儿　粗啊害呦?
　　edden segul zoaheyo?
　　喜欢什么颜色?

B : 하얀 색을 좋아해요.
　　哈要恩　塞个儿　粗啊害呦
　　hayan segul zoaheyo.
　　喜欢白色。

5월 18일 5月 18日

138. 오늘 뭐 샀어요?

A : 오늘 뭐 샀어요?
 奥呢儿 磨 仨叟呦?
onul mue saseyo?
今天买了什么？

B : 코트하고 스커트를 샀어요.
 考特哈够 丝可特日儿仨叟呦
kotuhago suketurul saseyo.
买了大衣和裙子。

服饰的名称：
자켓 外套　　　　　부츠 长靴
스타킹 长筒袜　　　청바지 牛仔裤

5월 19일 5月 19日

139. 카드를 쓸 수 있어요?

A : 카드를 쓸 수 있어요?
卡得乐儿 嘶儿 苏 一曳呦?
kadulul ssul ssu yiseyo?
可以用卡吗?

B : 물론이지요.
牟儿喽尼几呦
mulloniziyo.
当然。

"물론" 可做名词也可做副词。如，"물론 도와 줄 수 있지요.(当然可以帮你)"。

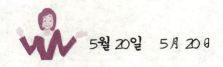 5월 20일 5月 20日

140. 지갑을 안 가져왔어요.

A : 지갑을 안 가져왔어요.
📢 几卡卜儿 安 卡交哇叟呦
zigabul an gazyjeoaseyo.
没带钱包。

B : 그럼, 어떻게 해요?
📢 克喽牟, 哦叨开 害呦?
gurem eddeke heyo?
那怎么办?

"가져오다" 意为 "带来"。比如, "책을 가져왔어요.(带书来了)", 但不可以说 "동생을 가져오세요", 应该说成 "동생을 데려오세요.(带弟弟来吧)"。

5월 21일 5月21日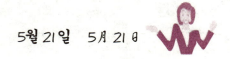

141. 옷에 관심이 없어요.

A : 동생은 옷에 관심이 있어요?
📢 东星恩 奥塞 关西米 一叟呦?
dongseng un ose guansimi yiseyo?
弟弟在意穿着吗?

B : 아니요, 옷에 관심이 없어요.
📢 阿昵奥, 奥塞 关西米 哦不叟呦
aniyo, ose guansimi epseyo.
不，不在意穿着。

"관심이 있다" 表示 "在意, 感兴趣"。如, "저는 축구에 관심이 없어요.(我对足球不感兴趣)"。

5월 22일 5月 22日

142. 아이들 옷은 어디에서 팔아요?

A : 아이들 옷은 어디에서 팔아요?
　啊有的儿 奥森 哦地爱扫 怕拉呦?
　ayidul osun edise parayo?
　什么地方卖童装?

B : 3층에서 팔아요.
　洒木曾爱扫 怕拉呦
　samcung-ese parayo.
　在3层卖。

5월 23일 5月 23日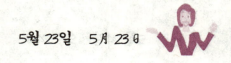

143. 저는 MP3를 사고 싶어요.

A : 저는 MP3를 사고 싶어요.
 草嫩 MP3儿 洒高 西泡呦
 zenenun empi silirul sago sipeyo.
 我想买MP3。

B : 그럼, 전자상가에 가 보세요.
 可捞母, 怎杂桑嘎爱 嘎 包塞呦
 gurem zenzasanggae ga boseyo.
 那去电子商场看看吧。

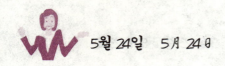

5월 24일 5月 24日

144. 디지털 카메라를 사려고 하는데요.

A : 디지털 카메라를 사려고 하는데요.
低积套儿 卡卖拉了儿 洒撩高 哈嫩带呦
dijitel kamerarul saryego hanundeyo.
想买数码相机。

B : 이런 걸 사세요.
一捞恩 高儿 洒塞呦
yilengel saseyo.
买这样的吧。

5월 25일 5月 25日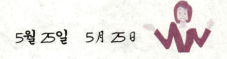

145. 몇 시에 문을 닫아요?

A : 백화점이 몇 시에 문을 닫아요?
🔊 百夸早米 秒西爱 木呢儿 大大呦?
bakuazemi myesie munul dadayo?
商场几点关门?

B : 저녁 10시에 문을 닫습니다.
🔊 草鸟个 要儿西爱 木呢儿 大思母昵达
zenyek yersie munul dasumnida.
晚上10点关门。

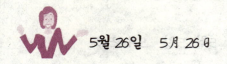

5월 26일 5月 26日

146. 책을 사려고 하는데요.

A : 책을 사려고 하는데요.
才个儿 洒撩高 哈嫩带呦
cegul saryego hanundeyo.
想买书。

B : 그럼, 교보문고에 가 보세요.
可老木，个要包门高爱 卡包塞呦
gurem gyobomungoe gaboseyo.
那去教保文库看看吧。

5월 27일 5月 27日

147. 한국어 책을 사려고 하는데요.

A : 한국어 책을 사려고 하는데요.
   舍古沟 才个儿 洒撩高 哈嫩带呦
   hanguge cagul saryeogo hanundeyo.
   想买韩国语的书。

B : 저쪽 코너에 가 보세요.
   草早个 靠闹爱 卡 包塞呦
   zezzok konee ga boseyo.
   去那个角看看。

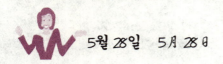

5월 28일 5月28日

148. 쇼핑을 하고 식사를 합니다.

A : 오후에는 뭘 해요?
📢 奥户爱嫩 磨儿 害呦?
ohuenun muel heyo?
下午做什么?

B : 쇼핑을 하고 식사를 합니다.
📢 消平儿 哈高 西个洒了儿 哈木昵达
syjopingul hago siksarul hamnida.
购物之后吃饭。

"고"表示先后。如"신문을 보고 식사 합니다.(先看报纸再吃饭)"。

5월 29일 5月 29日

149. 식사하셨어요?

A : 식사하셨어요? 지은 씨.
🔊 西个洒哈肖叟呦? 积恩西
siksahasyjeseyo. Ziunssi.
吃饭了吗? 智恩。

B : 네, 먹었어요.
🔊 奈，某勾叟呦
ne, megeseyo.
吃了。

식사하다 吃饭　　먹다 吃
同样是"吃"，但对长辈或需要客气的人用"잡수시다"或"드시다"，对自己则用"먹다"。

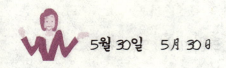

5월 30일 5月 30日

150. 연휴에는 뭘 하세요?

A : 연휴에는 뭘 하세요?
🔊 耶妞哎嫩 某儿 哈赛呦?
yjehiuenun muel haseyo?
节假日做什么?

B : 연휴에는 고향에 갑니다.
🔊 耶妞哎嫩 口喝央哎 卡姆尼达
yjehiuenun gohyjang e gamnida.
节假日回老家。

韩国人口大多集中在首尔,每到中秋节和春节韩国人都回老家祭祀,并且和亲友们团聚。

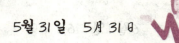

5월 31일 5月 31日

151. 배 안 고파요?

A : 배 안 고파요? 주미 씨.
🔊 牌 安 勾怕呦? 租米西
be an gopayo? Zumissi.
肚子不饿吗? 朱美。

B : 괜찮아요. 지은 씨는요?
🔊 宽嚓哪呦。积恩西嫩鸟?
guancanayo. Ziunssi.
我还可以,你呢?

用 "지은 씨는요?" 代替了 "지은 씨는 배 안 고파요?" 这句话。这种句子经常出现,名词+"요",比如,"어디요?" "책이요." 等。

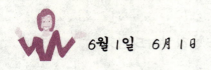

6월1일 6月1日

152. 선생님 시장하시지요?

A: 선생님 시장하시지요?
📢 森星昵母，西藏哈西几呦？
sensengnim sizanghasijiyo.
老师，您饿了吧？

B: 아니, 괜찮아요.
📢 啊尼，宽嚓哪呦
ani, Guancanayo.
没有，没关系。

对长辈说"시장하다"，不可说"배고프다"。

6월 2일 6月2日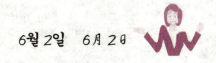

153. 한턱 낼게요.

A : 제가 한턱 낼게요.
 采嘎 韩通 乃儿该呦
 zega hantek nelgeyo.
 我请客。

B : 그래요? 고마워요.
 克来呦? 勾吗我呦
 gureyo? Gomaywoyo.
 是吗？谢谢。

"제가 ……ㄹ게요"为习惯用法，表示承诺做某事。比如，"빵은 제가 살게요.（面包我来买）"，"제가 기다릴게요.（我会等你的）"。

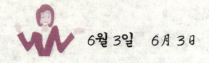 6월 3일 6月 3日

154. 어느 집이 맛있어요?

A : 어느 집이 맛있어요?
哦呐 几毕 吗西叟呦?
enu jibi masiseyo?
哪家好吃?

B : 저 집이 맛있어요.
草 几毕 吗西叟呦?
ze jibi masiseyo.
那家好吃。

"집"经常指饭店等场所，第一句比"어느 식당이 맛있어요?（哪个饭店的菜更好吃?）"更地道。

6월4일 6月4日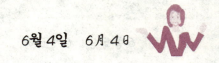

155. 메뉴 좀 보여 주세요.

A : 뭘 드릴까요?
📢 木尔 得立儿戈要?
muel durilggyo?
您想要点什么?

B : 메뉴 좀 보여 주세요.
📢 麦纽 早么包要珠世要
menue zom boyejuseyo.
请把菜单给我看一下。

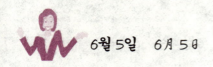

6월 5일 6月5日

156. 주문하세요.

A : 주문하세요, 지은 씨.
🔊 组牟呐赛呦。积恩西
zumunaseyo. Ziunssi.
点菜吧，智恩。

B : 주미 씨 먼저 주문하세요.
🔊 组米西 门走 组牟呐赛呦
zumissi menje zumunaseyo.
朱美，你先点吧。

"주문하다" 意为 "点菜"，也可以用 "시키다" 表示。比如，"불고기를 시킵시다.（我们点烤牛肉吧）"，"비빔밥을 시켰어요.（点了拌饭）"。

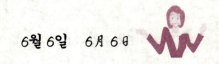

6월 6일　6月6日

157. 보리차하고 물수건 주세요.

A : 뭘 드릴까요?
　　磨儿　的里儿嘎呦?
　　muel durilggayo?
　　要点什么?

B : 보리차하고 물수건 주세요.
　　包里擦哈高　木儿苏跟　足塞呦
　　boricahago mulsugen juseyo.
　　请给我拿大麦茶和湿巾。

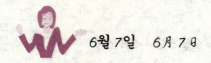

6월 7일 6月7日

158. 음식이 맛있어 보여요.

A : 음식이 맛있어 보여요.
🔊 哦姆西个一 吗西叟 包也呦
umsigi masise boyeyo.
饭菜看起来就好吃。

B : 네, 그렇네요.
🔊 奈，克仑乃呦
ne, gurenneyo.
是啊。

"어 보이다" 为句型，表示"感觉起来……"。比如，"커 보이다（显得高）"，"젊어 보이다（显得年轻）"。

6월8일　6月8日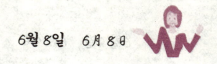

159. 맛있게 드세요.

A : 맛있게 드세요.
　　吗西该 得赛呦
　　masige duseyo.
　　请慢用。

B : 네, 고마워요.
　　奈, 勾吗我呦
　　ne, gomaywoyo.
　　谢谢。

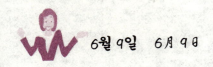

6월 9일 6月9日

160. 저는 불고기를 좋아해요.

A : 저는 불고기를 좋아해요.
 草嫩 扑儿高个一了儿 粗啊害呦
 zenun bbulgogirul zoahayo.
 我喜欢烤肉。

B : 저는 김치를 좋아해요.
 草嫩 可一木气了儿 粗啊害呦
 zenun gimqirul zoahayo.
 我喜欢泡菜。

6월 10일 6月 10日

161. 김치 만들 줄 아세요?

A : 김치 만들 줄 아세요?
可一木气 满的儿 足儿 啊塞呦?
gimqi mandul zul aseyo?
您会做泡菜吗?

B : 아니요, 그렇지만 배우고 싶어요.
啊昵奥, 可捞气满 百无高 西泡呦
aniyo, gureciman baugo sipeyo.
不会, 但是想学。

6월 11일 6月 11日

162. 이 음식은 뭐라고 합니까?

A : 이 음식은 뭐라고 합니까?
　　一 鹅木西跟 磨拉高 哈木昵嘎?
　　yi umsigun muerago hamnigga?
　　这种食品叫什么?

B : 이건 삼계탕이라고 해요.
　　一跟 洒木该汤一拉高 害呦
　　yigen samgetangyirago hayo.
　　这个叫参鸡汤。

参鸡汤的制作方法为：用口感上好的童子鸡，取出内脏后，再塞进糯米、红枣、栗子等原材料，在汤中加入人参、黄芪、川芎、大蒜等配料后长时间炖煮至熟。

6월 12일 6月 12日

163. 삼계탕이 맵지 않아요.

A : 맵지 않은 음식이 있어요?
　卖不积 啊嫩 鹅木西个— —叟呦?
　mabji anun umsigi yiseyo?
　有不辣的食品吗？

B : 삼계탕이 맵지 않아요.
　洒木该汤— 卖部几 啊那呦
　samgetangyi mabji anayo.
　参鸡汤不辣。

6월 13일 6月 13日

164. 김치가 맵지 않아요?

A : 김치가 맵지 않아요?
可一气木气嘎 卖不积 啊那呦?
gimciga mabji anayo?
泡菜不辣吗?

B : 아니요, 아주 맛있어요.
啊昵奥, 啊足 马西叟呦
aniyo, azu masiseyo.
不,很好吃。

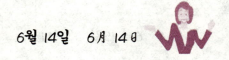

6월 14일 6月 14日

165. 어떤 술을 마셔요?

A : 어떤 술을 마셔요?
哦到恩 苏了儿 马消呦?
edden surul maseyo?
喝什么酒?

B : 소주를 마셔요.
扫足了儿 马消呦
sozurul masyeyo.
喝点烧酒。

烧酒：烧酒质地透明，口感柔细，闻起来没有酒精味，喝到嘴里甘甜而不会刺舌。烧酒为韩国人最常喝的酒类。

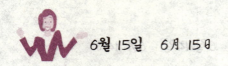 6월 15일 6月 15日

166. 배가 불러요.

A : 더 드세요.
   得 的塞呦
   de duseyo.
   多吃点。

B : 배가 불러요.
   百嘎 扑儿捞呦
   baga bulreyo.
   饱了。

6월 16일 6月 16日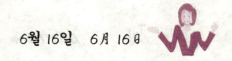

167. 맛이 어때요?

A : 맛이 어때요?
📢 吗西 哦带呦?
masi edeyo.
味道如何?

B : 맛있어요.
📢 吗西叟呦
masiseyo.
好吃。

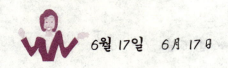 6월 17일 6月 17日

168. 좀 짜요.

A : 맛이 어때요?
   吗西 哦带呦?
   masi edeyo.
   味道怎么样?

B : 좀 짜요.
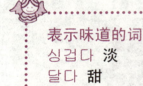
   早木 咋呦
   zom zzayo.
   有点咸。

表示味道的词
싱겁다 淡
달다 甜
시다 酸
맵다 辣

6월 18일 6月 18日

169. 음식이 입에 안 맞아요.

A : 음식이 어때요?
哦牟西个一 哦带呦?
umsigi eddeyo?
饭菜怎么样?

B : 음식이 입에 안 맞아요.
哦牟西个一 安 马咋呦
umsigi an mazayo.
饭菜不合口。

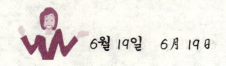 6월 19일 6月 19日

170. 많이 드세요.

A : 많이 드세요. 주미 씨.
📢 马昵 得赛呦。租米西
mani duseyo. Zumissi
多吃一些，朱美。

B : 많이 먹고 있어요.
📢 马昵 某勾 一叟呦
mani mekgo yiseyo.
我吃得挺多呢。

6월 20일 6月 20日

171. 잘 먹었습니다.

A : 잘 먹었습니다. 감사합니다.
　嚓儿 某勾思母昵达。卡牟嚓哈母昵达
　zal megesumnida.
　吃得很好，谢谢。

B : 천만의 말씀이에요.
　岑吗乃 马儿 丝米耶呦
　cenmane malsumiyeyo.
　哪里哪里。

6월21일 6月21日

172. 담배를 피우십니까?

A : 담배를 피우십니까?
他木掰了儿 批无西不昵嘎?
damberul piusimnigga?
吸烟吗?

B : 아니요, 담배를 끊었습니다.
阿昵奥, 他木掰了儿 跟闹思木昵达
aniyo, damberul ggunessumnida.
不，戒了。

在韩国，吸烟控烟措施很严厉，不仅严禁在公共场所吸烟，还禁止向19岁以下青少年售烟，并且吸烟者入大学的门槛也比不吸烟者要高。

6월22일 6月22日

173. 여기 계산해 주세요.

A : 여기 계산해 주세요.
📢 要个一 开仨乃 组赛呦。
yegi gesanezuseyo.
这儿买单。

B : 네, 알겠습니다.
📢 奈, 啊儿该思母昵达。
ne, algesumnida.
好,知道了。

"계산"的汉字词为"计算",但用来表示"算账"或"买单"的意思。

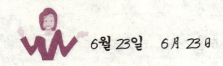

6월 23일 6月 23日

174. 좀 비싸군요.

A: 냉면이 5천원이에요.
酿面尼 傲趁努恩尼也呦
nengmyeni ocenuenieyo.
冷面5000韩圆。

B: 좀 비싸군요.
早木 比洒衮呦
zom vissagunyo.
有点贵。

韩国物价：韩国物价普遍比中国高，特别是吃、住方面的支出很大。但服饰及电器、汽车等商品的价格不是很高。

6월 24일 6月 24日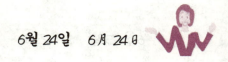

175. 한식을 먹었어요.

A : 점심은 뭘 드셨어요?
🔊 责木西木恩 木儿 得色涩呦
zemsimun muel dusyeseyo?
中午吃了什么？

B : 한식을 먹었어요.
🔊 含四古儿 抹个色呦
hansigul megeseyo.
吃了韩餐。

6월 25일 6月 25日

176. 커피 드세요.

A : 손님, 커피 드시겠습니까?
🔊 嗖恩尼车，口劈 得西该思母昵嘎?
sonnim kepi dusigesumniga?
您喝咖啡吗？

B : 네, 커피 한잔 주세요.
🔊 奈，口劈 韩暂 组赛呦
ne, kepi hanzan zuseyo.
是，我要一杯咖啡。

韩国语的数量词放在所修饰的名词后。比如"냉면 한 그릇（一碗冷面）"，"차 한대（一台车）"。

6월 26일 6月 26日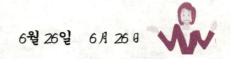

177. 콜라가 시원해요.

A : 콜라가 어때요?
  靠儿拉嘎 哦带呦?
  colaga eddeyo?
  可乐怎么样?

B : 콜라가 시원해요.
  靠儿拉嘎 西温害呦
  colaga siyuenheyo.
  可乐很爽口。

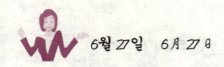 6월 27일 6月 27日

178. 저는 주스 마실래요.

A : 뭘 드시겠어요?
📢 磨儿 的西该叟呦?
muel dusigeseyo?
要喝点什么?

B : 저는 주스 마실래요.
📢 草嫩 足司 马西儿来呦
zenun jusu masireyo.
我要果汁。

6월 28일 6月 28日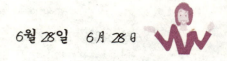

179. 여기도 중국노래가 있나요?

A : 저녁에 노래방에 갑시다.
🔊 草鸟该 闹来帮爱 卡不西达
zenyege norebang-e gabsida.
晚上一起去练歌房吧。

B : 여기도 중국노래가 있나요?
🔊 要各仪到 宗孤个闹来嘎 一那呦?
yeogido zonggungnorega yinnayo?
这儿也有中国歌吗?

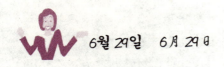 6월 29일 6月 29日

180. 노래 잘 하세요?

A : 노래 잘 하세요?
📢 闹来 杂儿 哈塞呦?
nore zal haseyo?
歌唱得好吗?

B : 잘 못하지만 좋아해요.
📢 擦儿 某他几满 粗啊害呦
zal motajiman zoahayo.
不怎么好，但是很喜欢。

6월 30일 6月 30日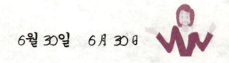

181. 노래하고 있어요.

A : 뭐 하고 있어요?
磨 哈高 一叟呦?
mue hagi yiseyo?
做什么呢?

B : 노래방에서 노래하고 있어요.
闹来帮爱扫 闹来哈高 一叟呦
norebang ese norehago yiseyo.
在练歌房唱歌。

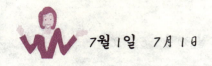

7월 1일 7月1日

182. 어느 과일이 맛있어요?

A : 어느 과일이 맛있어요?
哦呢 挂一里 马戏叟呦?
enu guayiri masiseyo?
什么水果好吃?

B : 배하고 사과 다 맛있어요.
百哈高 洒挂 他 马戏叟呦
bahago sagua da masiseyo.
梨和苹果都好吃。

7월 2일 7月 2日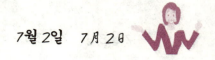

183. 그 드라마가 너무 재미있어요.

A : 그 드라마가 너무 재미있어요.
 可 的拉马马嘎 闹木 再米一叟呦
 gu diramaga nemu zemiyiseyo.
 那部电视剧太有意思了。

B : 저도 그 드라마를 좋아해요.
 草到 可 的拉马了儿 粗啊害呦
 zedo gu duramarul zoaheyo.
 我也喜欢那部电视剧。

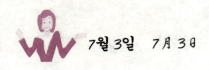

7월 3일   7月3日

184. 그 드라마를 여기에서 찍었어요.

A : 그 드라마를 여기에서 찍었어요.
可 的拉马了儿 要各仪爱扫 积高叟呦
gu duramarul yegiese jjigeseyo.
那部电视剧在这里拍的。

B : 그래요? 그럼 사진을 찍어야겠네요.
可来呦? 可捞木 洒积呢儿 积高呀该乃呦
gureyo? Gurem sajinul jjigeyagenneyo.
是吗? 那得在这里照张相了。

韩剧拍摄地:"韩流"风靡中国及东南亚等地后韩国将韩剧拍摄地开发成旅游景点,吸引韩剧迷前往。济州岛是《宫》的拍摄地,江原道龙平度假区是《冬日恋歌》的拍摄地。

7월 4일 7月 4日

185. 그 드라마 주제곡이 뭐예요?

A : 그 드라마 주제곡이 뭐예요?
可 的拉马 组在高个一 磨也呦?
gu durama zuzegogi mueyeyo?
那部电视剧的主题曲是什么?

B : 저도 잘 몰라요.
草到 扎儿 冒儿拉呦
zedo zal molayo.
我也不太清楚。

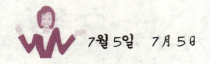 7월5일 7月5日

186. 한국 드라마를 몇 부 보았어요?

A: 한국 드라마를 몇 부 보았어요?
含古 的拉马了儿 秒 不 包啊叟呦?
hanguk duramarul myebu boaseyo?
韩国电视剧看了几部?

B: 100여부 보았어요.
百个要不 包啊叟呦
bagyebu boaseyo.
大概100多部。

7월 6일   7月 6日

187. 배우들이 어때요?

A : 배우들이 어때요?
📢 百无的里 哦带呦?
bauduri eddeyo?
演员们怎么样?

B : 여자들은 예쁘고 남자들은 멋있어요.
📢 要杂的了恩 也不高 那木杂的了恩 某西叟呦
yezadurun yebbugo namzadurun mesiseyo.
女的漂亮,男的潇洒。

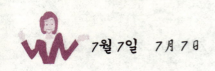

7월 7일 7月7日

188. 그 영화 배우 이름이 뭐예요?

A : 그 영화 배우 이름이 뭐예요?
🔊 可 应话 百无 一了米 磨也呦?
gu yjenghua bewu yilunmi mueyeyo?
那个电影演员的名字叫什么?

B : 배용준이에요.
🔊 派用组恩一也呦
beyongzuniyeyo.
叫裴勇俊。

7월 8일 7月 8日

189. 제일 좋아하는 탤런트예요.

A : 제가 제일 좋아하는 탤런트예요.
📢 在嘎 在一儿 粗啊哈嫩 太儿捞恩 特也呦
zega zeyil zoahanun telentuyeyo.
是我最喜欢的演员。

B : 저도 그 사람을 좋아해요.
📢 草到 可 洒拉么儿 粗啊害呦
zedo gu saramul zoaheyo.
我也喜欢他。

"제일" 意为 "最"。"제일 좋아하는 음식.(最喜欢的饭菜)","제일 가 보고 싶은 곳(最想去的地方)"。

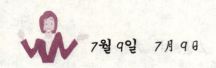

7월 9일 7月9日

190. VCD로 보았어요.

A : 그 드라마를 보았어요?
可 的拉马了儿 不奥啊叟呦
gu duramarul boaseyo.
看那部电视剧了吗?

B : 네, VCD로 보았어요.
奈, VCD捞 不奥叟呦
ne, VCDro boaseyo.
是, 看了VCD版的。

7월 10일　7月10日

191. 저는 송혜교 팬이에요.

A: 저는 송혜교 팬이에요.
草嫩 送还个要 派昵也呦
zenun songhegyjo paniyeyo.
我是宋慧乔的影迷。

B: 저는 김희선 팬이에요.
草嫩 可一买森 派昵也呦
zenun gimhisun panniyeyo.
我是金喜善的影迷。

一些韩国演员的名字：
장동건 张东健　　　현빈 玄彬
김아중 金雅中　　　이영애 李英爱

7월 11일　7月 11日

192. 「대장금」을 좋아해요.

A : 중국 사람들은 어느 드라마를 좋아해요?
🔊 宗孤个　洒拉木的了恩　哦呢　的了마了儿　粗啊害呦?
zongguk saramdurun enu duramarul zoahayo?
中国人喜欢什么电视剧?

B : 『대장금』을 좋아해요.
🔊 带脏个么儿　粗啊害呦
dazanggumul zoahayo.
喜欢《大长今》。

7월 12일 7月 12日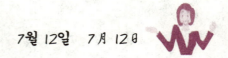

193. 요즘 인기있는 드라마는 뭐예요?

A : 요즘 인기있는 드라마는 뭐예요?
　　要自木　因个――嫩　的拉马嫩　磨也呦?
　　yeozum yingiyinun duramanun mueyeyo?
　　最近受欢迎的电视剧是什么?

B : "궁"이에요.
　　工――也呦
　　gong-yiyeyo.
　　是《宫》。

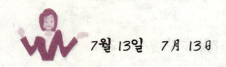

7월 13일   7月 13日

194. 이 배우를 볼 수 있으면 좋겠어요.

A : 한국에서 누구를 만나고 싶어요?
含古盖扫 努孤了儿 满那高 西泡呦?
hangugese nugurul manamyen zokeseyo?
在韩国想见谁?

B : 이 배우를 볼 수 있으면 좋겠어요.
一 白无了儿 包儿 苏 一思面 粗开叟 呦?
yi baurul bol su yisumyen zokeseyo.
能见到这个演员就好了。

"으면 좋겠다" 为句型。如, "날씬하면 좋겠어요.（要是瘦就好了）", "한국말을 잘 하면 좋겠어요.（如果韩语说得流利就好了）。"

7월 14일 7月 14日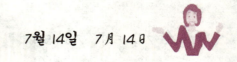

195. 오늘 비의 콘서트가 있어요.

A : 오늘 비의 콘서트가 있어요.
🔊 奥呢儿 笔爱 考恩扫特嘎 一叟呦
onul viyi kosetuga yiseyo.
今天有"rain"的演唱会。

B : 그래요? 저도 같이 가고 싶어요.
🔊 可来呦? 草到 卡气 卡高 西泡呦
gureyo? Zedo gago sipeyo.
真的? 我也想去看。

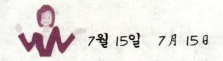 7월 15일 7月 15日

196. 한국의 인기가수예요.

A : 저 사람이 누구예요?
  草 洒拉米 努孤也呦?
  ze sarami nuguyeyo?
  他是谁?

B : 한국의 인기가수예요.
  含古该 因个一嘎苏也呦
  hanguge yinggigasuyeyo.
  韩国的人气歌手。

7월 16일 7月 16日

197. 오늘 날씨가 어때요?

A : 오늘 날씨가 어때요?
　奥呐儿 拉儿西嘎 哦带呦?
　onul nalsiga edeyo?
　今天天气怎么样?

B : 오늘 날씨가 더워요.
　奥呐儿 拉儿西嘎 透我呦
　onul nalsiga deywoyo.
　今天天气热。

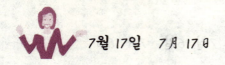

7월 17일   7月 17日

198. 밖이 추워요?

A : 밖이 추워요?
📣 啪个一 粗我呦?
baggi cuywoyo?
外边冷吗?

B : 네, 정말 추워요.
📣 奈, 噌吗儿 粗我呦
ne, zengmal cuywoyo.
是, 很冷。

7월 18일 7月 18日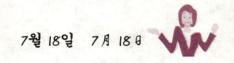

199. 밖에 비가 와요.

A : 밖에 비가 와요.
　啪盖　匹嘎　哇呦。
　bagge biga oayo.
　外边下雨了。

B : 네, 바람도 불어요.
　奈，啪啦牟都　扑嘹呦。
　ne. baramdo burleyo.
　是，还刮风。

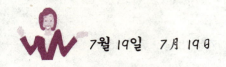

7월 19일 7月19日

200. 지금 눈이 와요?

A : 지금 눈이 와요?
几个牟 努尼 哇呦?
zigum nuni oayo?
现在下雪吗?

B : 아니요, 그쳤어요.
啊尼喔，克撬叟呦
aniyo. Gucyeseyo.
不，停了。

"그치다"只用于"雨雪停下来"的情况，"停车"、"停电"等用其他动词。

7월 20일 7月 20日

201. 바람이 불고 비가 와요.

A : 바람이 불고 비가 와요.
📢 啪啦米 扑儿勾 匹嘎 哇呦
barami bulgo biga oayo.
外边刮风，还下雨。

B : 그럼 우산을 가져가세요.
📢 克喽车 呜仁呢儿卡交卡赛呦
gurem usanul gazyjegaseyo.
那带伞吧。

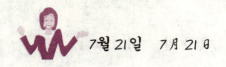 7월 21일 7月21日

202. 비가 그쳤어요.

A : 비가 그쳤어요.
📢 匹嘎　可撬叟呦
biga gucyjeseyo.
雨停了。

B : 그럼 우산을 가져가지 마세요.
📢 克嘹牟 呜仁尼 卡交卡几 马赛呦
gurem usanl gazyjegazi maseyo.
那就不要带伞了。

"지 마세요。"表示禁止。比如，"기다리지 마세요。(不要等)"，"오지 마세요。(不要来)"。

7월22일 7月22日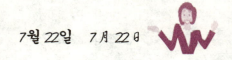

203. 어제만큼 춥지 않아요.

A : 오늘 추워요?
 奥呢儿 粗卧呦?
 onul cuuoyo?
 今天冷吗?

B : 아니오, 어제만큼 춥지 않아요.
 阿昵呦哦在满可木 粗布机 阿那呦
 aniyo, ezemankum cubzi anayo.
 不，没有昨天那么冷。

"만큼" 表示程度。如，"형만큼 키가 커요.（个子有哥哥那么高）", "이 산만큼 높아요.（有这座山这么高）"。

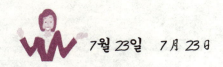

7월 23일 7月23日

204. 별로 춥지 않아요.

A : 서울은 겨울에도 별로 춥지 않아요.
瑟呜仑 克一呜来都 别儿喽 粗卜几 啊呐呦
seoulun gyjeuledo byjelro cupji anayo.
首尔冬天也不是很冷。

B : 여기는 겨울에 추워요.
耶个一嫩 克一呜来 粗我呦
yeginun gyjeule cuwoyo.
这儿冬天很冷。

"별로……지 않아요." 为句型。如,
"별로 어렵지 않아요.(不怎么难)",
"별로 높지 않아요.(不怎么高)"。

7월 24일　7月 24日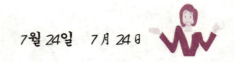

205. 일기예보에서 눈이 온대요.

A : 일기예보에서 눈이 온대요.
🔊 一儿个一诶波哎瑟 努尼 喔恩带呦
yilgieboese nuni ondeyo.
天气预报说下雪。

B : 그래요? 벌써 눈이 와요?
🔊 克来呦？坡儿瑟 努尼 哇呦？
gureyo? Belse nuni oayo?
是吗？这么早就下雪了?

"대요" 表示转述。比如，"비가 온대요.（听说下雨了）"，"먼저 간대요.（听说先走了）"，"책을 읽는대요.（听说在看书）"，"밥을 먹는대요.（听说在吃饭）"。

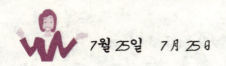

206. 지금 몇 시예요?

A : 지금 몇 시예요?
 几个牟 咩西也呦?
 jigum myjesiyeyo?
 现在几点?

B : 오전 9시예요.
 奥怎 啊吼卜西也呦
 ozen ahopsiyeyo.
 上午9点。

7월 26일　7月 26日

207. 오늘 며칠이에요?

A : 오늘이 며칠이에요?
　　奥呐哩 咩七哩也呦?
　　onuli myjeciliyeyo?
　　今天是几号?

B : 오늘은 10월 6일입니다.
　　奥呐仑 西我儿 一呜个一哩母昵达
　　onulun siyuel youyilmnida.
　　今天是10月6号。

一些日期的读法:
1월 5일 (일월 오일)
6월 13일 (유월 십삼일)
8월 27일 (팔월 이십칠일)
11월 30일 (십일월 삼십일)

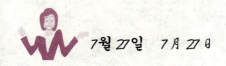
7월 27일 7月27日

208. 오늘은 일요일입니다.

A : 오늘은 일요일입니까?
  奥呐仑 一了一哩母昵达
  onulun yilyoyilmnida.
  今天是星期天吗?

B : 네, 오늘은 일요일입니다.
  奈, 奥呐仑 一了一哩母昵达
  ne. onulun yilyoyilmnida.
  对, 今天是星期天。

星期一至星期天为"월요일, 화요일, 수요일, 목요일, 금요일, 토요일, 일요일"。

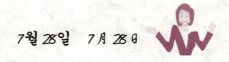

7월 28일 7月 28日

209. 며칠 쉬어요?

A : 며칠 쉬어요?
咩七儿 须哦呦?
myjecil syueyo?
休几天?

B : 사흘 쉽니다.
瑟昏 须母昵达
sahul syumnida.
休3天。

"사흘"为"三天"的固有词,汉字词为"3일(삼일)"。

7월 29일 7月29日

210. 100원 짜리밖에 없어요.

A : 100원 짜리밖에 없어요?
　　百宽 咋哩吧该 哦卜叟呦
　　beguenzzalibagge epseyo.
　　只有100韩圆的吗?

B : 네, 100원짜리밖에 없어요.
　　奈, 百宽 咋哩吧该 哦卜艘呦
　　ne, Beguenzzalibagge epseyo.
　　对, 只有100韩圆的。

"밖에 없어요" 为句型。如, "책밖에 없어요.(只有书)", "빵밖에 없어요.(只有面包)"。

7월 30일 7月 30日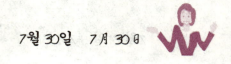

211. 딸기를 한 근 샀어요.

A : 딸기를 몇 근 샀어요?
哒儿个一乐儿 咩艮 仁叟呦?
dalgirul myjegun saseyo?
买了几斤草莓?

B : 딸기를 한 근 샀어요
哒儿个一乐儿 罕艮 仁叟呦?
dalgirul hangun saseyo.
买了一斤草莓。

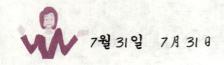

7월 31일 7月 31日

212. 집이 3층에 있어요.

A : 집이 몇 층이에요?
🔊 几毕 咩噌一也呦?
jibi myecungyiyeyo?
家住几楼?

B : 집이 3층에 있어요.
🔊 几毕 仨牟噌哎 一也呦?
jibi samcunge yiseyo.
家住三楼。

8월 1일 8月1日

213. 키가 180이에요.

A : 키가 얼마예요?
　 克一嘎 哦儿吗也呦?
　 kiga elmayeyo?
　 个子多高?

B : 키가 180cm이에요.
　 克一嘎 百个啪儿西卜塞恩剔米特一也呦
　 kiga bekpalsibiyeyo.
　 一米八。

韩国人使用的身高的单位是公分。

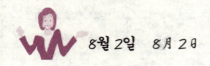

8월 2일 8月2日

214. 5키로 늘었어요.

A : 체중이 5키로 늘었어요
📢 采诶总一 喔克一喽 呐喽叟呦
cezungyi okiro nurleseyo.
胖了5公斤。

B : 큰일 났군요.
📢 克恩尼儿 拉捆鸟
kunnil nakkunyo.
糟了。

韩国人使用的体重或重量的单位是公斤。

8월 3일 8月3日

215. 여보세요. 주미 씨 계세요?

A : 여보세요. 주미 씨 계세요?
哟卜赛呦，租米西 开赛呦？
yeboseyo. zumissi gesyeyo?
您好，朱美在吗？

B : 잠시만 기다리세요.
嚓车西曼 可一哒哩赛呦
zamsiman gidaliseyo.
请稍等一下。

第二句也可以说成"잠깐만 기다리세요.（请稍等片刻）"。

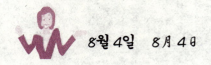

8월 4일　8月4日

216. 지은 씨 전화 왔어요.

A : 지은 씨 전화 왔어요.
积恩西 怎花 瓦叟呦
ziunssi zennua oaseyo.
智恩来电话了。

B : 네, 알겠어요.
奈，啊儿该叟呦
ne, algeseyo.
好，知道了。

8월 5일 8月5日

217. 전화 바꿨습니다.

A : 전화 바꿨습니다.
📢 怎花 把郭丝牟尼哒
zennua baguesumnida.
你好，是我。

B : 저 지은이에요.
📢 凑 积恩一也呦
ze Ziunniyeyo.
我是智恩。

"전화 바꿨습니다." 是比较地道的口语，当别人将电话转给自己时，自己对打电话的人常说的话。

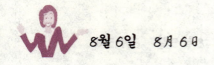

8월6일 8月6日

218. 요즘 바쁘세요?

A : 요즘 바쁘세요?
🔊 呦滋牟 啪布赛呦?
yozum babuseyo?
最近忙吗?

B : 네, 좀 바빠요.
🔊 奈, 走牟 啪吧呦
ne, zom babbayo.
是, 有点忙。

8월7일 8月7日

219. 지금 통화중이에요.

A : 지금 통화중이에요.
🔊 几个牟 通花宗一耶呦
jigum tonghuazongyiyeyo.
现在占线。

B : 그럼, 좀 있다 다시 하세요.
🔊 克喽牟，走牟 一大 沓西 哈赛呦
gurem zom yida haseyo.
那么过会儿再打吧。

"통화중"的汉字词为"通话中"，意为"占线"。

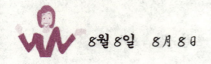

8월 8일 8月8日

220. 전화번호가 몇번이에요?

A : 전화번호가 몇번이에요?
怎花卜恼嘎，哦儿吗耶呦？
zenhuabenhoga miedbenieyo?
您的电话号码是多少？

B : 1234- 5678번이에요.
一立儿一仨牟仁诶噢右个七儿啪儿 卜尼耶呦
yl yi sam sa e o liu qil pal beniyeyo.
是1234—5678。

读电话号码时读汉字词即可。例：010-8765-4321（공일 공 팔칠육오에 사삼이일）

8월 9일 8月9日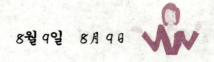

221. 전화 잘 못 걸었습니다.

A : 전화 잘 못 걸었습니다.
  怎花 嚓儿某特 口喽丝牟尼哒
  zenhua zalmo geresumnida.
  您打错电话了。

B : 네, 1234-5678번 아니에요?
  一立儿一仨牟仨诶噢扭个七儿啪儿卜尼
  啊尼耶呦?
  ne, Yl yi sam sa e o liu qil pal ben aniyeyo.
  您那里不是1234-5678号吗?

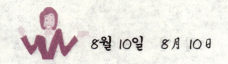

8월 10일 8月 10日

222. 전화번호가 틀렸어요.

A : 이 전화번호 맞아요?
— 遭怒啊包闹 马扎呦?
yi zehua benhoga mazayo?
是这个号码吗?

B : 아니요, 그 전화번호가 틀렸어요.
阿昵哟, 可遭怒啊包闹嘎 特儿撩叟呦
aniyo, gu zenhua benhoga tullyjeseyo.
不, 那个号码错了。

8월 11일 8月11日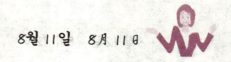

223. 다음에 또 연락할게요.

A : 다음에 또 연락할게요.
沓哦卖 到 页儿拉卡儿该呦
daume ddo yjenlakhalgeyo.
我会再和你联系。

B : 네, 또 연락해요.
奈, 到页儿拉开呦
ne, ddo yjenlakheyo.
好, 再联系。

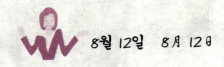

8월 12일 8月12日

224. 고향이 베이징이에요.

A : 고향이 어디예요?
口喝央— 哦地也呦?
gohyjangyi ediyeyo?
老家是哪儿?

B : 고향이 베이징이에요.
口喝央— 北京—也呦
gaohyjangyi beizjengyieyo.
老家是北京。

8월 13일 8月 13日

225. 요리하기를 좋아해요.

A : 아빠는 무엇을 좋아해요?
阿爸嫩 木哦色儿 粗阿害呦?
abanun muesul zoaheyo?
爸爸喜欢做什么?

B : 요리하기를 좋아해요.
要里哈各仪了儿 粗阿害呦
yolihagirul zoaheyo.
喜欢做饭。

-기를 좋아하다 为句型。如: "영화보기를 좋아해요.(喜欢看电影)", "빨래하기를 좋아해요.(喜欢洗衣服)"。

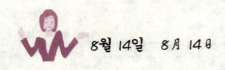

8월 14일 8月 14日

226. 식구가 몇이에요?

A : 식구가 몇이에요?
 🔊 西孤嘎 咩的也呦?
sikguga myjeciyeyo?
家里几口人?

B : 식구가 셋이에요.
 🔊 西孤嘎 赛西也呦
sikguga sesiyeyo.
家里三口人。

8월 15일　8月 15日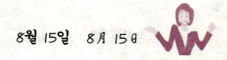

227. 아이가 몇 살이에요?

A : 아이가 몇 살이에요?
　　啊—嘎　咩萨哩也呦?
　　ayiga myjessaliyeyo?
　　孩子几岁了?

B : 아이가 다섯 살이에요.
　　啊—嘎　沓瑟萨哩也呦
　　ayiga dasessaliyeyo.
　　孩子五岁。

　　세살 三岁　　　　열살 十岁
　　스무살 二十岁　　서른살 三十岁

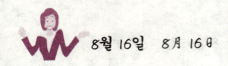

8월 16일 8月 16日

228. 부모님께서도 건강하시지요?

A : 부모님께서도 건강하시지요?
 补某你卡该瑟都 哏冈哈西几呦
 bumonimgesedo genganghasiziyo.
 父母身体都好吧。

B : 네, 부모님께서 아주 건강해요.
 奈, 补某你卡该瑟 啊租 哏冈害呦
 ne, bumonimggese azu gengangheyo.
 是, 父母都很健康。

8월 17일 8月 17日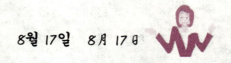

229. 아버지는 공무원이에요.

A : 아버지는 뭐 해요?
🔊 阿波几嫩 磨害呦?
abezinun mue heyo?
爸爸做什么工作?

B : 아버지는 공무원이에요.
🔊 阿波几嫩 空木万一也呦
abezinun gongmuyueniyeyo.
爸爸是公务员。

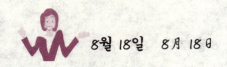

8월 18일 8月 18日

230. 운동하기를 싫어해요.

A : 아빠는 무엇을 싫어해요?
阿爸嫩 木哦色儿 西苏害呦?
abanun muesul zoaheyo?
爸爸不喜欢做什么?

B : 운동하기를 싫어해요.
要里哈各仪了儿 粗阿害呦
yolihagirul zoaheyo.
不喜欢运动。

8월 19일 8月 19日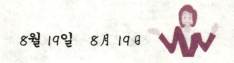

231. 참 젊어보여요.

A : 아버님이 쉰이세요.
啊卜你秘 须尼赛呦
abenimi suiniseyo.
爸爸五十了。

B : 그런데 참 젊어보여요.
克喽恩代 嚓牟 走儿么卜也呦
gurende cam zermeboyjeyo.
但显得很年轻啊。

"아/어 보이다" 为句型。如 "좋아보여요.（看起来好）", "힘들어 보여요.（看起来累）"。

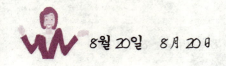

8월 20일 8月20日

232. 형제가 있어요?

A : 형제가 있어요?
📢 喝央在嘎 一叟呦？
hyjengzega yiseyo?
有兄弟姐妹吗？

B : 아니요, 형제가 없어요.
📢 啊尼喔，喝央在嘎 哦卜叟呦
anio, hyjengzega epseyo.
没有。

汉字词"형제"的汉字写法是"兄弟"，但可表示"兄弟姐妹"，如果单说"姐妹"，可以说"여자형제"。

8월 21일 8月 21日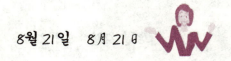

233. 저는 회사원입니다.

A : 무슨 일 하세요?
🔊 木森 一儿 哈塞呦?
musun yil haseyo?
做什么工作?

B : 저는 회사원입니다.
🔊 草嫩 坏洒 机郭昵木昵达
zenun huisa uenimnida.
我是公司职员。

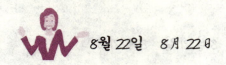 8월 22일 8月 22日

234. 형은 은행직원입니다.

A : 형은 뭐 해요?
📢 呵一盎恩 磨 害呦?
hyjeng un mue heyo?
哥哥做什么?

B : 형은 은행직원입니다.
📢 呵一盎恩 饿佞几关一木昵达
hyjyeng un unhengziguenimnida.
哥哥是银行职员。

8월 23일 8月 23日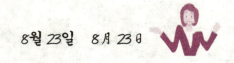

235. 누나는 미인이에요.

A : 문수 씨 누나는 정말 미인이에요.
🔊 门苏西 怒那嫩 增马儿 米因一也呦
munsussi nunanun zengmal miyinieyo.
文洙的姐姐真是个美人。

B : 그래요? 문수 씨도 잘 생겼잖아요.
🔊 可来呦? 门苏西到 扎儿 星个要扎那呦
gureyo? Munsussido zal senggyjeznayo.
是吗? 文洙也很帅嘛。

"잖아요" 表示反问。如 "비가 왔잖아요.(不是下雨了嘛)", "잘 알잖아요.(不是很了解嘛)"。

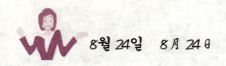 8월 24일 8月 24日

236. 동생은 축구선수입니다.

A : 동생은 뭐 해요?
🔊 东星恩 磨害呦?
dongsangun mue heyo?
弟弟做什么?

B : 동생은 축구선수입니다.
🔊 东星恩 粗孤森苏一木昵达
dongsangun cukgusensuyimnida.
弟弟是足球运动员。

8월 25일 8月 25日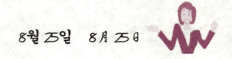

237. 누나는 대학원생이에요.

A : 누나는 학생이에요?
🔊 怒那嫩 哈个性一也呦
nunanun haksengyieyo?
姐姐是学生吗?

B : 네, 대학원생이에요.
🔊 奈, 带哈关性一也呦
ne, dehaguensengyiyeyo.
对, 姐姐是研究生。

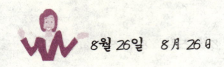

8월 26일   8月 26日

238. 오빠는 똑똑한 사람이에요.

A : 지은 씨 오빠는 정말 똑똑한 사람이에요.
   姬恩西奥巴女牧正马儿德德刊萨拉咪哎哟
   Jienssi aobanun zengmal dodokan salamieyo.
   智恩她哥真聪明。

B : 그래요? 지은 씨도 똑똑하잖아요.
   可来哟? 门苏西到 道歌道咔扎那呦
   gureyo? Jienssido zal dodokanznayo.
   是吗? 智恩也很聪明嘛。

8월 27일 8月27日

239. 집에 자주 연락해요?

A : 집에 자주 연락해요?
几毕 嚓租 耶儿拉开呦?
zibe zazu yjenlankeyo?
和家里经常联系吗?

B : 네, 매일마다 전화해요.
奈, 每一儿马达 怎花害呦
ne, mayilmada zenuaheyo.
是，每天打电话。

"자주"表示"经常"，如"자주 만나요.（经常见面）"，"자주 지각해요,（经常迟到）"。

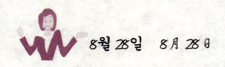 8월 28일 8月 28日

240. 남자친구가 있어요?

A : 남자친구가 있어요?
📢 呐牟咋青孤嘎 一叟呦?
namzacinguga yiseyo?
有男朋友吗?

B : 네, 있어요.
📢 奈, 一叟呦
ne, yiseyo.
有。

8월 29일 8月29日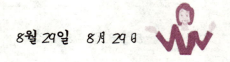

241. 남자친구가 자상해요?

A : 남자친구가 자상해요?
 那木扎青孤嘎 扎桑害呦?
 namzacinguga zasangheyo?
 男朋友体贴吗?

B : 네, 정말 자상해요.
 奈, 增马儿 扎桑害呦
 ne, zengmal zasangheyo.
 是的, 很体贴。

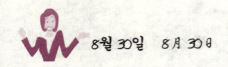
8월 30일　8月30日

242. 친구가 많아요?

A : 친구가 많아요?
📢 青孤嘎 马呐呦?
cinguga manayo?
朋友多吗?

B : 네, 친구가 많아요.
📢 奈, 青孤嘎 马呐呦
ne, cinguga manayo.
是的, 朋友多。

8월31일 8月31日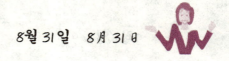

243. 친구가 너무 착해요.

A : 왜 그 친구하고 친해요?
🔊 外 可青孤哈高 气奈呦?
yoe gu cinguhago cinheyo?
为什么和他关系好?

B : 그 친구가 너무 착해요.
🔊 可 青孤嘎 闹木 擦开呦
gu cinguga nemu cakeyo.
他很善良。

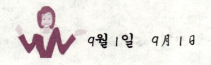

9월1일 9月1日

244. 성격이 좋아요.

A : 그 친구는 성격이 어때요?
📢 可 青孤嫩 僧个要— 哦带呦?
gu cingunun Senggyjegi eddeyo?
他性格怎么样?

B : 성격이 좋아요.
📢 僧个要— 粗阿呦
senggyjegi azu zoayo.
性格很好。

245. 회사에 직원이 많아요.

A : 회사에 직원이 많아요?
坏洒爱 几关一 满那呦?
huisae zigueni manayo?
公司职员多吗?

B : 네, 회사에 직원이 많아요.
奈, 坏洒爱 几关一 满那呦
ne, huisae zigueni manayo.
是, 公司职员多。

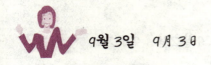

9월 3일 9月 3日

246. 저희 회사 사장님이세요.

A : 이분이 저희 회사 사장님이세요.
一不昵 草呵一 坏洒 洒脏昵米一塞呦
yibuni zehi huisa sazangnimiseyo.
这位是我们公司社长。

B : 그래요? 안녕하세요.
克来呦? 安宁哈塞呦?
gureyo? Annyjenhaseyo.
是吗? 您好。

9월4일 9月4日

247. 우리 회사에서 키가 제일 커요.

A : 문수 씨는 키가 정말 커요.
🔊 木恩苏西嫩 可一嘎 增马儿 靠呦
Munsusinun kiga zengmal keyo.
文洙个子真高。

B : 네, 우리 회사에서 키가 제일 커요.
🔊 奈，屋力 坏洒爱该扫 可一嘎 在一儿 靠呦
ne, uli huisaese kiga zeyil keyo.
是的，在我们公司最高。

"에서" 在这里表示范围，如 "우리 나라에서（在我们国家）"，"우리 학교에서（在我们学校）"。

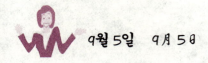
9월 5일   9月 5日

248. 회사에서 가까워요?

A : 회사에서 가까워요?
坏洒爱扫 卡嘎卧呦?
huisaese gaggaueyo?
离公司近吗?

B : 아니요, 회사에서 멀어요.
阿昵奥, 坏洒爱扫 冒捞呦
aniyo, huisaese mereyo.
不, 离公司远。

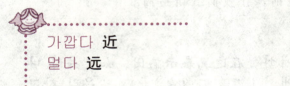
가깝다 近
멀다 远

9월 6일 9月 6日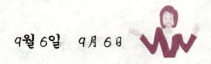

249. 우리는 회사 동료예요.

A : 우리는 회사 동료예요.
 呜哩嫩 灰仁 通茑也呦
 ulinun hiusa donglyoyeyo.
 我们是同事。

B : 그래요? 그럼 매일 만나겠네요.
 克来呦？ 克喽车 每一儿 满哪该恩奈呦
 gureyo? Gurem mayil mannagenneyo.
 是吗？那天天都见面吧。

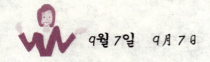

9월 7일 9月 7日

250. 두 사람이 친해요?

A : 두 사람이 친해요?
　督 仁拉秘　七乃呦?
　du sarami cinheyo?
　他们俩关系好吗?

B : 네, 두 사람이 너무 친해요.
　奈, 督 仁拉秘 呐木 七乃呦.
　ne, du sarami nemu cinheyo.
　是, 他俩可好了。

9월 8일　9月 8日

251. 은행에 갔다가 회사에 갑니다.

A : 먼저 회사에 가요?
　　门遭 坏洒爱 嘎呦?
　　menze huisae gayo?
　　先去公司吗?

B : 아니요, 은행에 갔다가 회사에 갑니다.
　　阿昵奥, 鹅凝爱 卡大嘎 坏洒爱 嘎木昵达
　　aniyo, unheng e gadaga huisae gamnida.
　　不, 先去银行, 再去公司。

"았/었다가" 表示一个动作结束之后, 转向另外一个动作。如 "TV를 켰다가 껐어요.(开了电视又关了)", "기숙사에 갔다가 도서관에 가요.(去了宿舍, 再去图书馆)"。

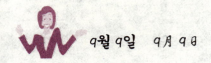 9월 9일 9月9日

252. 늦게 퇴근합니다.

A : 몇 시에 퇴근해요?
 秒西爱 吐爱跟害呦
 myjesie tuigunheyo?
 几点下班?

B : 늦게 퇴근합니다.
 呢该 吐爱跟哈木昵达
 nuke tuigunhamnida.
 下班晚。

9월 10일 9月 10日

253. 일이 힘들어요?

A : 일이 힘들어요?
一力 呵一木特捞呦?
yili himduleyo?
活儿累吗?

B : 아니요, 힘들지 않아요.
阿昵傲, 呵一木特儿机 安哪呦
aniyo. himdulzi anayo.
不, 不累。

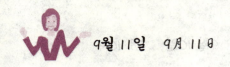
9월 11일 9月11日

254. 월급이 많아요?

A : 월급이 많아요?
📢 卧儿个屁 满那呦?
yuelgubi manayo?
工资多吗?

B : 아니요, 별로 많지 않아요.
📢 阿昵奥, 票儿酪 满气 安那呦
aniyo, byjlro manci anayo.
不, 不太多。

9월 12일 9月 12日

255. 자주 출장가요?

A : 자주 출장가요?
📢 杂足 粗儿脏嘎呦?
zazu culzang gayo?
经常出差吗?

B : 네 자주 출장가요.
📢 奈，杂足 粗儿脏嘎呦
ne, zazu culzanggayo.
是，经常出差。

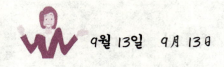

9월 13일 9月 13日

256. 저도 잘 할 수 있어요.

A : 지은 씨도 잘 할 수 있어요.
几恩西到 扎儿 哈儿 苏 一叟呦
Ziunssido zal hal su yiseyo.
智恩，你也能做好。

B : 네, 저도 잘 할 수 있어요.
奈，草到 扎拉儿 苏 一叟呦
ne, zedo zal hal su yiseyo
是，我也能做好。

"ㄹ수있다" 为句型。如："읽을 수 있어요.（能读）"，"갈 수 있어요.（能去）"。

9월 14일　9月14日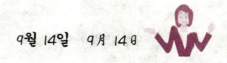

257. 최선을 다했어요.

A : 최선을 다했어요?
粗爱扫呢儿 达害叟呦?
cuisenul da heseyo.
尽全力了吗?

B : 네, 최선을 다했어요.
奈, 粗爱扫呢儿 达害叟呦
ne, cuisenul dahaseyo.
对, 尽了全力。

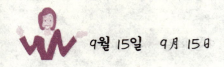
9월 15일 9月 15日

258. 아파서 출근하지 못했습니다.

A: 왜 출근하지 못했어요?
 外 粗儿跟哈机 牟太叟呦?
 yoe culgunhazi moteseyo?
 为什么没上班?

B: 아파서 출근하지 못했습니다.
 阿怕扫 粗儿跟哈机 牟太叟呦
 apase culgunhazi motesumnida.
 病了，所以没上班。

"어서" 表示原因。如 "비가 와서 못 갔어요.（因为下雨，所以没去）"。

9월 16일 9月 16日

259. 한국 친구가 많아요.

A : 저는 한국 친구가 많아요.
  走嫩 含孤青孤嘎 马呐呦
  zenun hanguk cinguga manayo.
  我有很多韩国朋友。

B : 그래요? 부러워요.
  克来呦? 补喽我呦
  gureyo? burewoyo?
  是吗? 真让人羡慕。

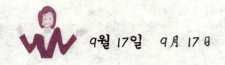

9월 17일　9月17日

260. 유학을 갈 계획이에요.

A: 무슨 계획이에요?
木森 该坏个一也呦?
musun gehuigiyeyo?
有什么计划?

B: 유학을 갈 계획이에요.
有哈个儿 卡儿 该坏个一也呦
youhagul gal gehuigiyeyo.
想去留学。

"ㄹ 계획이다" 表示 "计划……", 如 "여행을 갈 계획이에요.（计划去旅行）", "결혼할 계획이에요.（计划结婚）"。

9월 18일 9月 18日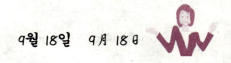

261. 한국어를 배우기로 했어요.

A : 한국어를 배우기로 했어요?
喊古沟了儿 百无可一捞 害叟呦?
hangugerul beugiro heseyo?
决定学习韩国语吗?

B : 네, 다음 주부터 배우려고 해요.
奈, 他鹅木 组扑套 百无撩高 害呦
ne, daumzubute beulyjego heyo.
是, 想下周开始学。

9월 19일   9月 19日

262. 언제부터 한국어를 배웠어요?

A : 언제부터 한국어를 배웠어요?
哦恩贼补特 含孤苟了儿 派窝叟呦?
enzebute zungukgerul beueseyo?
什么时候开始学的韩国语?

B : 지난 해부터 한국어를 배웠어요.
几喃咳贼补特 含孤苟了儿 派窝叟呦?
zinanhebute zunggukgerul beueseyo.
去年开始学的。

"부터"表示"从……开始",如"내일부터.(明天开始)","반장부터.(从班长开始)"。

9월 20일 9月 20日

263. 한국말을 잘 몰라요.

A : 한국말을 할 줄 알아요?
韩公马了儿 哈儿 足儿 啊拉呦?
hangukmalul halzul alayo?
会说韩国语吗?

B : 한국말을 잘 몰라요.
韩公马了儿 嚓儿 冒儿拉呦
hangukmalul zal morlayo.
不太会说。

"ㄹ 줄 알다" 表示 "会……", 如 "자전거 탈 줄 알아요.(会骑自行车)", "요리할 줄 알아요.(会做饭)"。

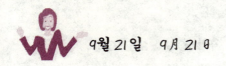

9월 21일 9月21日

264. 한 번 더 해봐요.

A : 한 번 더 해봐요.
　含 本 透 咳吧哟
　hanben de he boayo.
　再说一遍。

B : 네, 한 번 더 할게요.
　奈。含 本 透 哈儿该哟
　ne. hanben de halgeyo.
　是，我再说一遍。

"아/어보다" 为句型。如 "업어보다(穿穿看)"，"읽어보다(读读看)"。

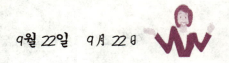

9월 22일 9月 22日

265. 중국어보다 어려워요.

A : 한국어가 어려워요?
含孤苟嘎 哦了我呦?
hangukgega elyjeyueyo.
韩国语难吗?

B : 네, 중국어보다 어려워요.
奈, 宗孤苟卜哒 哦了我呦
ne, zunggukgeboda elyjeyo.
是, 和汉语比起来有点难。

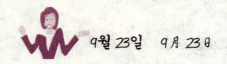 9월 23일 9月 23日

266. 제 발음이 맞아요?

A : 제 발음이 맞아요?
📢 采 啪 了米 马咋呦?
ze barumi mazayo?
我的发音对吗?

B : 아니요, 틀렸어요.
📢 啊尼呦, 特儿了叟呦
aniyo, turlyjeseyo.
不, 不对。

9월 24일 9月 24日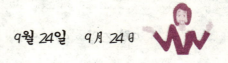

267. 발음이 참 좋아요.

A : 제 발음이 어때요?
📢 采 啪了米 哦带呦?
ze barumi eddeyo?
我的发音怎么样?

B : 발음이 참 좋아요.
📢 啪了米 嚓牟 粗啊呦
barumi cam zoayo.
发音很好。

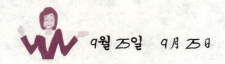 9월 25일 9月 25日

268. 선생님 덕분입니다.

A : 장학금을 탔지요.
📢 脏哈个闷儿 他几呦
zanghakgumul taziyo.
你得奖学金了吧。

B : 네, 다 선생님 덕분입니다.
📢 奈, 他 森性昵木 套个不昵木昵达
ne, da sensengnim dekbunimida.
是，多亏了老师的帮助。

부모님 덕분 입니다 **多亏了父母**。
친구 덕분 이에요 **多亏了朋友**。

9월 26일 9月26日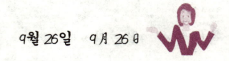

269. 말하기가 듣기보다 어려워요.

A : 말하기가 듣기보다 어려워요.
马拉克一嘎 得个一卜哒 哦了我呦
malhagiga dugiboda elyjeyuoyo.
说比听难。

B : 그래요. 말하기가 훨씬 어려워요.
克来呦。马拉克一嘎 豁儿新 哦了我呦
gureyo. malhagiga huelssin elyjeyueyo.
是，说更难。

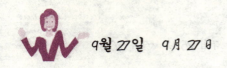

9월 27일 9月 27日

270. 전공이 뭐예요?

A : 전공이 뭐예요?
怎公一 某也呦?
zengongyi mueyeyo?
专业是什么?

B : 전공이 한국어예요.
怎公一 含孤苟也呦
zengongyi hangugeyeyo.
是韩国语。

9월 28일 9月 28日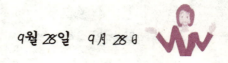

271. 배울 게 너무 많아요.

A : 배울 게 너무 많지요?
徘呜儿 该闹木 满七呦
beulgge nemu manciyo.
要学的很多吧。

B : 네, 배울 게 너무 많아요.
奈, 徘呜儿 该 闹木 满七呦
ne, beulge nemu manayo.
对，要学的很多。

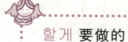

할게 要做的
먹을 게 要（能）吃的

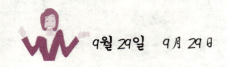
9월 29일 9月29日

272. 뉴스를 알아 들을 수 있어요?

A : 뉴스를 알아 들을 수 있어요?
   妞丝了儿 啊拉 得了儿 苏 一叟呦?
   neusurul ala durul su yiseyo?
   能听懂新闻吗?

B : 네, 좀 알아 들을 수 있어요.
   奈, 走牟 啊拉 得了儿 苏 一叟呦
   ne, zom ala durul su yiseyo.
   是, 能听懂一点。

9월 30일 9月 30日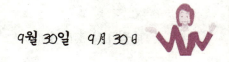

273. 열심히 공부하고 있어요.

A : 요즘 뭐 해요?
呦字牟 某 害呦?
yozum mue heyo?
最近做什么?

B : 열심히 공부하고 있어요.
耶儿西米 孔布哈勾 一叟呦
yjelssimi gongbuhago yiseyo.
努力学习呢。

可以说"행복하게(幸福地)",但不能说"열심하게"。

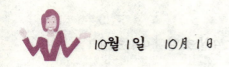 10월 1일 10月 1日

274. 어느 대학에 신청했어요?

A : 어느 대학에 신청했어요?
 哦呐 代哈该 辛噌害叟呦?
 enu dahage sincengheseyo?
 申请了哪所大学?

B : 한국 대학교에 신청했어요.
 含孤 代哈该 辛噌害叟呦?
 hanguk dehakgyoe sincengheseyo.
 申请了韩国大学。

10월 2일 10月2日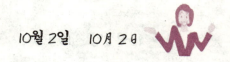

275. 장학금이 있어요?

A : 장학금이 있어요?
藏哈个米 一叟呦?
zanghakgumi yiseyo?
有奖学金吗?

B : 네, 장학금이 좀 있어요.
奈, 藏哈个米 走牟一叟呦
ne, zanghakgumi zom yiseyo?
是, 有一些奖学金。

10월 3일 10月 3日

276. 기숙사가 어때요?

A : 기숙사가 어때요?
　　克一宿个萨嘎 哦带呦?
　　gisuksaga eddeyo?
　　宿舍怎么样?

B : 기숙사가 좋아요.
　　克一宿个萨嘎 走啊呦
　　gisukdaga zoayo.
　　宿舍很好。

10월 4일　10月4日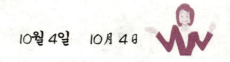

277. 한 방에 몇 사람이 살아요?

A : 한 방에 몇 사람이 살아요?
📢 舍 磅哎 咩 萨拉米 仁拉呦?
hanbang e myjesarami salayo.
一个屋里住几个人?

B : 한 방에 두 사람이 살아요.
📢 舍 磅哎 督 仁拉米 仁拉呦
hanbang e du sarami salayo.
住两个人。

10월 5일 10月5日

278. 근처에 큰 슈퍼가 있어요.

A: 근처에 큰 슈퍼가 있어요.
个恩凑哎 克恩 休培嘎 一叟呦
guncee kun supega yiseyo.
附近有大超市。

B: 그럼 편리하겠네요.
克喽牟 瞥儿哩哈该恩乃呦
gurem pyjenlihagenneyo.
那应该很方便吧。

主语为2、3人称时，"겠"表示推测。
如"많이 바쁘겠어요.（会很忙吧）"，
"재미있겠어요.（会有意思吧）"。

10월 6일　10月6日

279. 주말마다 영화를 봐요.

A : 주말마다 뭐 해요?
　组马儿马哒 么 害呦?
　zumalmada mue heyo?
　每个周末做什么?

B : 주말마다 영화를 봐요.
　组马儿马哒 英花乐儿 怕呦
　zumalmada yjenghuarul boayo.
　每个周末看电影。

월요일마다 **每周一**
명절마다 **每个节日**

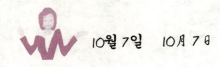 10월 7일 10月 7日

280. 졸업하고 취직할 거예요.

A : 졸업하고 뭐 할 거예요?
🔊 遭捞怕高 磨 哈儿 高也呦?
zoleppago mue halgeyeyo?
毕业后做什么?

B : 졸업하고 취직할 거예요.
🔊 遭捞怕高 去几卡儿 高也呦
zolepago cuizikalgeyeyo.
毕业后想上班。

10월 8일　10月 8日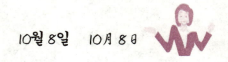

281. 즐겁게 지냈어요.

A : 방학을 어떻게 지냈어요?
　　旁哈个儿 哦到开　机耐叟呦?
　　banghagul eddeke zineseyo?
　　假期过得怎样?

B : 즐겁게 지냈어요.
　　吱儿高不盖　几耐塞呦
　　zulgepge zineseyo.
　　过得很愉快。

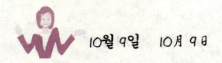 10월 9일   10月 9日

282. 어디가 안 좋아요?

A : 어디가 안 좋아요?
🔊 哦地嘎 安 走啊呦?
ediga an zoayo?
哪儿不舒服?

B : 열이 나요.
🔊 蚴哩 哪呦
yjeli nayo.
发烧。

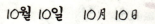

10월 10일 10月 10日

283. 머리가 아파요.

A : 머리가 아파요.
   么哩卡 啊怕呦
   meliga apayo.
   头疼。

B : 감기 걸렸어요?
   嘎牟个一 勾了叟呦?
   gamgi gulyjeseyo.
   感冒了吗?

"걸리다" 必须为过去时态, "감기에 걸려요." 是错误的。

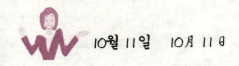

10월 11일 10月11日

284. 병원에 가 보세요.

A : 기침을 해요.
🔊 克一七牟儿 害呦
gicimul heyo.
我有点咳嗽。

B : 병원에 가 보세요.
🔊 啪英我乃 卡卜赛呦
byjengyuene ga boseyo.
去医院看看吧。

10월 12일 10月 12日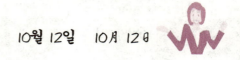

285. 얼굴색이 안 좋아 보여요.

A : 얼굴색이 안 좋아 보여요.
哦儿孤儿塞个一 安 走啊 卜要呦
elgulsegi an zoa boyeyo.
脸色看起来不好。

B : 그래요? 감기에 걸렸어요.
克来呦? 卡牟个一哎 勾儿了叟呦
gureo? Gamgie gelyjeseyo.
是吗? 感冒了。

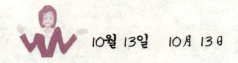 10월 13일 10月 13日

286. 이 약을 드세요.

A : 이 약을 드세요.
一 呀个儿 得赛呦
yi yjagul doseyo.
把这个药吃了吧。

B : 네, 알겠습니다.
奈, 啊儿该思母眤达
ne, algesumnida.
好，知道了。

10월 14일 10月 14日

287. 며칠 푹 쉬세요.

A : 며칠 푹 쉬세요.
咩七儿 扑个 须赛呦
myjecil puk suiseyo.
好好休几天吧。

B : 네, 알겠습니다.
奈, 啊儿该思母昵达
ne, algesumnida.
好，知道了。

"푹"是副词，只用在"푹 쉬다（好好休息）"，"푹 자다（好好睡觉）"等搭配中。

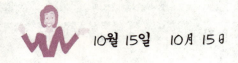

10월 15일 10月 15日

288. 감기 조심하세요.

A : 감기 조심하세요.
卡牟个一 走西车哈赛呦
gamgi zosimheseyo.
注意别感冒。

B : 네, 감사합니다.
奈，卡牟仁哈母昵达
ne, gamsahamnida.
知道了，谢谢。

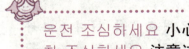

운전 조심하세요 小心开车
차 조심하세요 注意过往车辆

10월 16일   10月 16日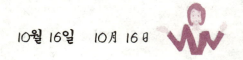

289. 오늘 시간이 있어요?

A : 오늘 시간이 있어요?
🔊 喔呐儿 西嘎尼 一叟呦?
onul sigani yiseyo?
今天有时间吗?

B : 네, 저녁에 시간이 있어요.
🔊 奈, 走涅该 西嘎尼 一叟呦
ne, zenyjege sigani yiseyo.
是, 晚上有时间。

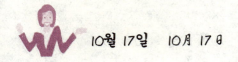 10월 17일 10月 17日

290. 어디서 만날까요?

A : 어디서 만날까요?
🔊 哦地瑟 曼哪儿嘎呦?
edise mannalggayo?
在哪儿见呢?

B : 도서관 앞에서 만나요.
🔊 都瑟宽 啊派瑟 曼哪呦
dosuguan apese mannayo.
在图书馆前见面吧。

10월 18일　10月18日

291. 약속이 있으니까 내일 만납시다.

A：오늘 저녁에 시간 있어요?
　　奥呢儿 草尿该 西干一叟呦?
　　onul zenyjege sigan yiseyo?
　　今天晚上有时间吗?

B：약속이 있으니까 내일 만납시다.
　　压个搔各— —思昵嘎 奈一儿 满那不西达
　　yjaksogi yisenigga neyil mannapsida.
　　我和别人约好了，明天见吧。

"으니까" 表示理由，后面必须是命令句、共动句。如 "추우니까 옷을 많이 입으세요（天冷，多穿衣服吧）"。

10월 19일 10月 19日

292. 비 때문에 못 갑니다.

A : 왜 못 가요?
🔊 外 牟 嘎呦?
yoe mot gayo?
为什么去不了?

B : 비 때문에 못 갑니다.
🔊 皮 呆木奈 牟 嘎木昵达
bi ddemune mot gamnida.
因为下雨，所以去不了。

친구 때문에 因为朋友（的原因）……
돈 때문에 因为钱（的原因）……

10월 20일　10月 20日

293. 오래 기다렸어요?

A : 오래 기다렸어요? 지은 씨.
　　喔来 克奔了嗖呦? 积恩西
　　ore gidalyjeseyo? Ziunssi.
　　久等了吧，智恩。

B : 아니에요. 저도 금방 왔어요
　　啊尼耶呦。走都 个车磅 哇叟呦
　　aniyeyo. Zedo gumbang oaseyo.
　　没有，我也刚来。

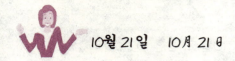 10월 21일 10月 21日

294. 택시를 타고 왔어요?

A : 택시를 타고 왔어요?
　胎克西了儿 沓勾 哇叟呦?
　texirul tago oaseyo.
　是打车来的吗?

B : 아니요, 지하철을 타고 왔어요.
　啊尼奥, 积哈凑了儿 沓勾 哇叟呦
　aniyo, zihacurul tago oaseyo.
　不，是坐地铁来的。

지하철을 타고 왔어요 坐地铁来的。
비행기를 타고 왔어요 坐飞机来的。

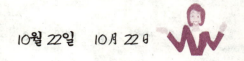

10월 22일   10月 22日

295. 운전할 줄 알아요?

A : 운전할 줄 알아요?
📢 呜恩走哪儿 租儿 啊拉呦?
unzenhalzul alayo?
会开车吗?

B : 네, 운전할 줄 알아요.
📢 奈, 呜恩走哪儿 租儿 啊拉呦
ne, unzenharzul arayo.
是，会开车。

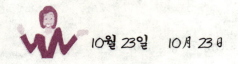

296. 차 사고가 났어요.

A : 길에 왜 사람이 많아요?
 克一来 外 仁拉米 马呐呦?
 gile yoe sarami manayo?
 路上为什么人多?

B : 차 사고가 났어요.
 嚓 仁勾嘎 呐叟呦
 ca sagoga naseyo.
 出了车祸。

10월 24일　10月24日

297. 음주운전을 하지 마세요.

A : 저녁에 모임이 있어요.
早宁儿该 某一迷 一叟呦?
zenyjege moyimi yiseyo.
晚上有活动。

B : 그럼, 음주운전을 하지 마세요.
克喽车, 哦车组呜恩走呐儿 哈机 马赛呦
gurem umzuunzenul hazi maseyo.
不要酒后开车。

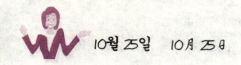

10월 25일 10月 25日

298. 제가 준비할게요.

A : 친구들과 등산가기로 했어요.
🔊 青孤得儿瓜 登仨恩卡克一喽 害叟呦
cingudulgoa dungsangagiri heseyo.
约好和朋友们一起去登山。

B : 김밥은 제가 준비할게요.
🔊 克一牟啪不恩 采嘎 尊逼哈儿害呦
gimbabun zega zunbihalgeyo.
紫菜包饭我来准备。

"기로 하다" 为句型,如 "만나기로 했어요.(决定见面)", "사기로 했어요.(决定买)"。

10월 26일 10月26日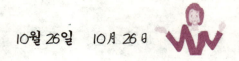

299. 약속을 취소해야 해요.

A : 약속을 취소해야 해요.
呀个嗦个儿 趋馊咳呀 害呦
yiaksogul cuisoheya heyo.
得取消约会。

B : 그럼, 다음에 만나요.
克喽牟，哒迈 曼呐呦
gurem daume mannayo.
那下次再见吧。

예약을 취소하다 取消预订
회의를 취소하다 取消会议

10월 27일　10月27日

300. 약속시간에 늦지 마세요.

A : 약속시간에 늦지 마세요.
呀个嗽个西嘎乃 呐机 马赛呦
yiaksok sigane nutzi maseyo.
不要迟到。

B : 네, 알겠습니다.
奈，啊儿该思母昵达
ne, algesumnida.
是，知道了。

句中的"에"不可换成"을"。

10월 28일   10月 28日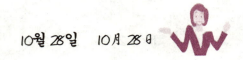

301. 메일을 보냅니다.

A : 집에서 뭐 해요?
🔊 几掰瑟 某 害呦?
zibese mue heyo?
在家做什么?

B : 메일을 보냅니다.
🔊 每一了儿 卜内母昵达
meyirul bonemnida.
发邮件。

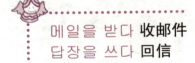

메일을 받다 收邮件
답장을 쓰다 回信

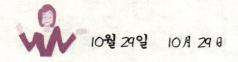 10월 29일 10月 29日

302. 친구와 채팅해요.

A : 지금 뭐 해요?
  几个牟 某 害呦?
  zigum mue heyo?
  现在做什么?

B : 친구와 채팅해요.
  亲姑哇猜汀害呦
  cinguoa Cetingheyo.
  上网聊天。

10월 30일 10月 30日

303. 노래를 다운 받고 있어요.

A : 지금 뭐 해요?
📢 积个母磨害呦?
jigeum mueo haeyo?
现在做什么?

B : 노래를 다운 받고 있어요.
📢 脑来日儿当温拔高一瑟呦?
nolaerul daunbatgo isseoyo?
正在下载歌。

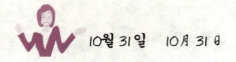

10월 31일   10月 31日

304. 바이러스가 있어요.

A : 컴퓨터가 왜 이래요?
🔊 克牟匹悠忒嘎 外 一来呦?
kemputega yoe yileyo?
电脑怎么这样?

B : 바이러스가 있어요.
🔊 吧一喽丝嘎 一叟呦
bayilesuga yiseyo.
有病毒。

11월 1일 11月1日

305. 문서를 저장했어요.

A : 문서를 저장했어요?
 牟恩瑟了儿 走臧害叟呦?
 muserul zezangheseyo?
 文件存了吗?

B : 네, 문서를 저장했어요.
 奈, 牟恩瑟了儿 走臧害叟呦
 ne, munserul zezangheseyo.
 是的, 存了。

파일 文件
문서를 작성하다 做文件

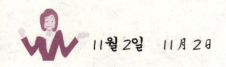 11월 2일 11月 2日

306. 첨부파일이 열리지 않아요.

A : 왜 그래요?
🔊 外 克来呦?
yoe gureyo?
怎么了?

B : 첨부파일이 열리지 않아요.
🔊 策牟不啪一哩 耶儿哩机 啊呐呦
cembupayili yjelizi anayo.
附件打不开。

11월 3일 11月3日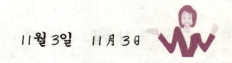

307. 속도가 너무 느려요.

A : 인터넷이 잘 돼요?
因特乃西 咋儿 土爱呦?
yintenesi zal doeyo?
网络怎么样?

B : 속도가 너무 느려요.
嗽个斗嘎 呐车 呐撩呦
sokdoga nemu nulyjeyo.
速度太慢了。

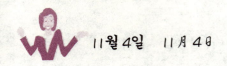 11월 4일 11月4日

308. 노트북을 샀어요.

A : 뭘 샀어요?
📢 磨儿 洒叟呦?
muel saseyo?
买了什么?

B : 노트북을 샀어요.
📢 闹特不克儿 洒叟呦
notubogul saseyo.
买了笔记本电脑。

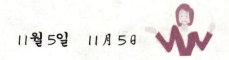

11월 5일   11月 5日

309. 프린터가 있어요?

A : 프린터가 있어요?
📢 扑蓝套嘎 一叟呦?
pulintaga yiseyo?
有打印机吗?

B : 네, 프린터가 있어요.
📢 奈, 扑蓝套嘎 一叟呦
ne, pulintaga yiseyo.
有。

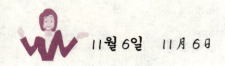

11월 6일   11月 6日

310. 근처에 PC방이 있어요?

A : 근처에 PC방이 있어요?
 根草唉PC镑——叟呦?
 guncee pcbangyi yiseyo?
 附近有网吧吗?

B : 네, PC방이 있어요.
 奈，PC镑——叟呦
 ne, pcbangyi yiseyo.
 有网吧。

11월 7일 11月7日

311. 어느 사이트를 자주 이용하세요?

A : 어느 사이트를 자주 이용하세요?
 饿呐 洒一特了 扎足 一用哈塞呦?
 enu sayiturul zazu yiyjonghaseyo?
 经常上哪个网站?

B : 야후에 자주 들어가요.
 压忽爱 扎足 特捞卡呦
 yahoe zazu duregaseyo.
 经常上雅虎。

韩国访问率比较高的网站有www.daum.net, www.naver.net, www.yahoo.co.kr 等。

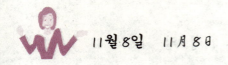

11월 8일 11月8日

312. 컴퓨터로 영화를 봐요.

A : 컴퓨터로 뭘 해요?
🔊 克母泼一优特酪 磨儿 害呦?
kemputaro muel heyo?
用电脑做什么?

B : 컴퓨터로 영화를 봐요.
🔊 克母泼一优特酪 应化了儿 布啊呦
kempiuro yjenghuarul boayo.
看电影。

11월 9일　11月9日

313. 프로그램을 깔고 있어요.

A : 뭐 하고 있어요?
　　磨 哈告 一叟呦?
　　mue hago yiseyo?
　　在做什么？

B : 프로그램을 깔고 있어요.
　　扑酪可赖闷儿 嘎儿告 一叟呦
　　purogramul galgo yiseyo.
　　安装程序呢。

"깔다"原意为"铺"，如"신문을 깔고 앉다（铺报纸后坐下）"。

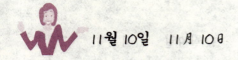 11월 10일 11月 10日

314. 지금 어디 계세요?

A : 지금 어디 계세요?
几个牟 哦地 开赛呦?
zigum edi geseyo?
现在在哪儿?

B : 회사 근처에 있어요.
灰仨 克恩凑哎 一叟呦
huisa guncee yiseyo.
在公司附近。

11월 11일 11月11日

315. 백화점 뒤에 있어요.

A: 그 호텔이 어디 있어요?
克 吼忒哩 哦地 一叟呦?
gu hoteli edi yiseyo?
那家酒店在哪儿?

B: 백화점 뒤에 있어요.
百夸走牟 腿哎 一叟呦
bekuazem duie yiseyo.
在商场后边。

"백화점"与"뒤"之间不用加"의(……的)"。

11월 12일 11月12日

316. 가방 안에 있어요.

A : 핸드폰이 어디 있어요?
🔊 含得剖尼 哦地 一叟呦?
henduponi edi yiseyo?
手机在哪儿?

B : 가방 안에 있어요.
🔊 卡磅 啊乃 一叟呦
gabang ane yiseyo.
在包里。

서랍안 **抽屉里**
방안 **房间里**

11월 13일   11月13日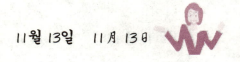

317. 책을 책상 위에 놓았어요.

A : 책을 어디 놓았어요?
猜克儿 哦地 恼啊叟呦?
cegul sdi noaseyo?
书放哪儿了?

B : 책을 책상 위에 놓았어요.
猜克儿 猜个桑雨哎 恼啊叟呦
cegul ceksang uie noaseyo.
书放在桌子上了。

不要混淆"놓다（放在……）"与"넣다（放入……）"。

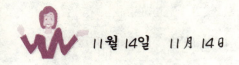

11월 14일 11月 14日

318. 호텔 앞에 있어요.

A : 백화점이 어디 있어요?
   百夸走秘 哦地 一叟呦?
   bekuazemi edi yiseyo?
   商场在哪儿?

B : 호텔 앞에 있어요.
   吼忒儿 啊派 一叟呦
   hotel ape yiseyo.
   在酒店前边。

11월 15일 11月 15日

319. 옆 사람한테 물어보세요.

A : 이 문제를 잘 모르겠어요.
🔊 一 牟恩贼了儿 咋儿 某了该叟呦
yi munzerul zal morugeseyo.
这个问题不太懂。

B : 옆 사람한테 물어 보세요.
🔊 耶笘仨拉满忒 车喽 卜赛呦
yjepsaramhante mureboseyo.
问问旁边的人。

옆집 隔壁家
이웃나라 邻国

11월 16일 11月 16日

320. 2층 동쪽에 있어요.

A : 사무실이 어디 있어요?
🔊 仨牟西哩 哦地 一叟呦?
samusili edi yiseyo?
办公室在哪儿?

B : 2층 동쪽에 있어요.
🔊 一噌 咚造该 一叟呦
yicung dongzoge yiseyo.
在2楼的东侧。

11월 17일   11月17日

321. 문이 열려 있어요.

A : 문이 잠겨 있어요?
木昵 杂木个要 一叟呦?
muni zamgyje yiseyo?
门锁着吗?

B : 아니요, 열려 있어요.
阿昵奥, 要儿料 一叟呦
aniyo. Yjelyje yiseyo.
不，门开着。

"아/어 있다" 为句型。如 "책이 거기 놓여 있어요.(书放在那儿)", "불이 켜져 있어요.(灯开着)"。

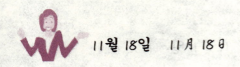 11월 18일 11月 18日

322. 문을 잠그세요.

A : 문을 잘 잠그세요.
📢 木呢儿 扎儿 杂木个塞呦
munul zamguseyo.
把门锁好。

B : 네, 알겠습니다.
📢 奈，阿儿该思木昵达
ne, algesumnida.
好，知道了。

11월 19일 11月 19日

323. 침대에 누워 있어요.

A : 친구가 뭐 해요?
青孤嘎 磨 害呦?
cinguga mue heyo?
你的朋友在做什么?

B : 침대에 누워 있어요.
气木带爱 努卧一叟呦
cimdee nueyiseyo.
躺在床上。

눕다 躺
누워서 책을 봐요 躺着看书

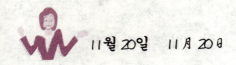

11월 20일 11月20日

324. 의자에 앉아 있어요.

A : 친구가 뭐 해요?
📢 青孤嘎 磨 害呦?
cinguga mue heyo?
你的朋友在做什么?

B : 의자에 앉아 있어요.
📢 鹅一扎爱 安扎一叟呦
izae anzayiseyo.
坐在椅子上。

在 "의자에 앉다(坐在椅子上)",
"침대에 눕다(躺在床上)" 等短语中
要用 "에"。

11월21일 11月21日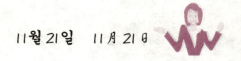

325. 회색 옷을 입고 있어요.

A : 친구가 어떤 옷을 입었어요?
📢 青孤嘎 哦到恩 奥色儿 一抛叟呦
cinguga edden osul yibeseyo.
朋友穿着什么样的衣服？

B : 회색옷을 입고 있어요.
📢 坏塞高色儿 一不告 一叟呦
huiseggosul yibgo yiseyo.
穿着灰色的衣服。

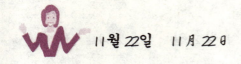 11월 22일 11月22日

326. 안경을 꼈어요.

A : 동생은 안경을 꼈어요?
 动星恩 安个样儿 个要叟呦
dongsengun angyjengul ggyjeseyo.
弟弟戴眼镜了吗?

B : 네, 동생은 안경을 꼈어요.
 奈, 动星恩 安个样儿 个要叟呦
ne, Dongsengun angyjengul ggyjeseyo.
是, 弟弟戴眼镜了。

반지를 끼다 **戴戒指**
넥타이를 매다 **戴领带**
모자를 쓰다 **戴帽子**

11월 23일 11月 23日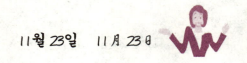

327. 집에 손님이 와 있어요.

A : 왜 집에 일찍 가요?
 外 击败 一日几个 嘎呦?
yoe zibe yilzik gayo?
怎么早回家呀?

B : 집에 손님이 와 있어요.
 击败 扫恩昵米 哇一叟呦
zibe sonimi oa yiseyo.
家里来客人了。

서 있어요 **站着**
열려 있어요 **开着**

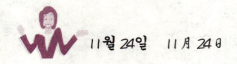

11월 24일   11月24日

328. 냉장고에 넣어 두었어요.

A : 주스가 어디 있어요?
   足思嘎 哦地 一叟呦?
   zusuga sdi yiseyo?
   果汁在哪儿?

B : 냉장고에 넣어 두었어요.
   宁脏高爱 闹哦 督哦叟呦
   nengzanggoe nee dueseyo.
   放到冰箱里了。

"아/어 두다"为句型,如"책을 사 두었어요.(买好了书)","반찬을 만들어 두었어요.(做好了饭菜)"。

11월 25일 11月 25日

329. 오늘 기분이 어때요?

A: 오늘 기분이 어때요?
奥呐儿 克一不昵 哦带呦?
onul gibuni eddyjeyo?
今天心情怎样?

B: 기분이 좋아요.
克一不昵 早啊呦
gibuni zoayo.
心情很好。

汉字词"기분"的汉字标记为"气氛",但表示"心情",不要把"心情好"说成"마음이 좋다"。

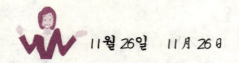

11월 26일 11月 26日

330. 화가 났어요.

A : 저 친구가 왜 저래요?
🔊 草 青孤嘎 外 草来呦?
ze cinguga yoe zereyo?
他怎么了?

B : 화가 났어요.
🔊 花嘎 那叟呦
huaga naseyo.
生气了。

11월 27일 11月27日

331. 그 사람을 좋아해요.

A : 그 사람을 좋아해요?
棵 洒拉闷儿 粗阿塞呦?
gu saramul zoaheyo?
喜欢他吗?

B : 네, 그 사람을 너무 좋아해요.
奈, 棵 洒拉闷儿 闹木 粗阿塞呦
ne, saramul zoaheyo
是, 非常喜欢他。

한국을 좋아해요 喜欢韩国。
그 가수를 좋아해요 喜欢那个歌手。

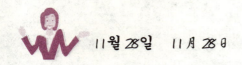

11월 28일 11月28日

332. 많이 놀랐어요.

A : 많이 놀랐어요?
🔊 마니 노라쎄요?
mani noraseyo?
吓着了吗?

B : 네, 많이 놀랐어요.
🔊 네, 마니 노라쎄요
ne, mani noraseyo.
是,吓了一跳。

11월 29일 11月29日

333. 너무 슬퍼요.

A : 그 영화가 어때요?
 棵 应化嘎 哦带呦?
 gu yjenghuaga eddeyo?
 那部电影怎样?

B : 너무 슬퍼요.
 闹木 思儿泼呦
 nemu sulpeyo.
 太悲了。

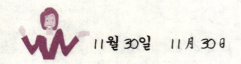 11월 30일 11月 30日

334. 급해하지 마세요.

A : 빨리 떠나야 해요.
巴儿力 到那压 害呦
bballi ddenaya heyo.
得快点出发。

B : 급해하지 마세요.
棵派哈机 马塞呦
gupehazi maseyo.
不要着急。

335. 그 사람 어디가 싫어요?

A : 그 사람 어디가 싫어요?
可 洒拉木 哦地嘎 西捞呦?
gu saram ediga sileyo?
你不喜欢他哪儿?

B : 담배 피워서 싫어요.
他木百 批卧扫 西牢呦
dambe piuese sileyo.
他吸烟，所以不喜欢他。

그 사람이 싫어요. 讨厌他。
그 사람을 싫어해요. 讨厌他。

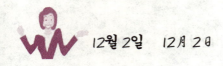

12월 2일   12月 2日

336. 몇 번 버스를 타세요?

A : 몇 번 버스를 타세요?
🔊 秒包恩 不鹅思了儿 他塞呦?
myjeben besurul taseyo?
坐几路车?

B : 23번 버스를 타요.
🔊 23本 不鹅思了儿 他呦
yisibsamben besurul tayo.
坐23路。

11번 버스 **11路车**
지하철 2호선 **地铁2号线**

12월 3일 12月 3日

337. 택시 요금이 비쌉니다.

A : 택시요금이 비쌉니까?
太个西要个米 皮洒木昵嘎?
texi yogumi bisamnigga?
出租车费贵吗?

B : 네, 택시 요금이 비쌉니다.
奈, 太个西要个米 皮洒木昵达
ne, texi yogumi bissamnida.
是, 贵。

전화 요금 **电话费**
전기 요금 **电费**

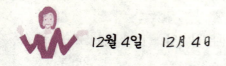 12월 4일   12月 4日

338. 자가용으로 출근해요.

A : 버스로 출근해요?
不鹅思捞 粗儿跟害呦?
besuro culgunheyo?
坐公交车上班吗?

B : 아니요, 자가용으로 출근해요.
阿昵奥，扎嘎用鹅捞 粗儿跟害呦
aniyo, zagayong uro culgun heyo.
不，开私家车上班。

12월 5일　12月5日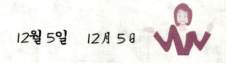

339. 운전을 하며 음악을 듣습니다.

A: 운전을 하며 뭘 해요?
🔊 温遭呢儿 哈秒 磨儿 害呦?
unzenul hamyje muel heyo?
边开车边做什么?

B: 운전을 하며 음악을 듣습니다.
🔊 温遭呢儿 哈秒 鹅马个儿 的思木昵达
unzenul hamyje umagul dusumnida.
边开车边听音乐。

"며"表示伴随。如"TV를 보며 식사합니다.(边看电视, 边吃饭)"。

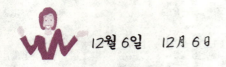

12월 6일   12月 6日

340. 23번 버스로 갈아타세요.

A : 어느 버스로 갈아타요?
🔊 哦呢 不鹅思捞 嘎拉他呦?
enu besuro galatayo?
换哪趟车?

B : 23번 버스로 갈아타세요.
🔊 23本 不鹅思捞 卡拉他塞呦
yisibsamben besuro galataseyo.
换23路。

"(으)로/를 갈아타다" 为句型。如 "23번 버스로 갈아타요. (换乘23路)", 如 "지하철 1호선을 갈아타요. (换乘地铁一号线)"。

12월 7일 12月 7日

341. 고속도로를 이용합니다.

A : 베이징에 어떻게 갑니까?
北京爱 哦到开 嘎木昵嘎?
bukgyjeng e sddeke gamnigga?
去北京怎么去?

B : 고속도로를 이용합니다.
高思奥个到捞了儿 一用哈木昵达
gosokdolorul yiyonghamnida.
走高速公路。

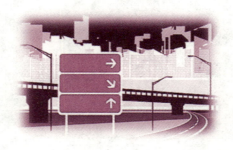

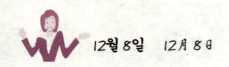

12월8일   12月8日

342. 하늘이 파래요.

A : 날씨가 참 좋아요.
📢 那儿西嘎 擦木 粗啊呦
nalssiga cam zoayo.
天气真好。

B : 네, 하늘이 파래요.
📢 奈，哈呢立 怕来呦
ne, Hanuli paleyo.
是，天空是蓝色的。

12월 9일   12月 9日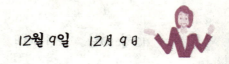

343. 밖이 어두워요.

A : 밖이 어두워요?
📢 怕个一 哦督卧呦?
bakgi eduueyo?
外边黑吗?

B : 네, 밖이 어두워요.
📢 奈, 怕个一 哦督卧呦
ne, Bakgi eduueyo.
是, 外边黑。

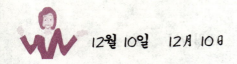

12월 10일 12月10日

344. 꽃이 참 예쁘군요.

A : 꽃이 참 예쁘군요.
📢 告气 擦木 也不滚拧用
ggoci cam yebugunyo.
花真漂亮。

B : 몇 송이 사세요.
📢 秒松一 洒塞呦
myjesong yi saseyo.
买几朵吧。

"군요" 表示感叹。如"날씨가 참 좋군요.(天气真不错啊)"。

12월 11일   12月 11日

345. 지금은 말랐어요.

A : 문수 씨가 지금도 뚱뚱해요?
门苏西嘎 几个木到 东东害呦?
munsussido zigumdo dongdongheyo?
文洙现在还胖吗?

B : 아니요, 지금은 말랐어요.
阿昵奥, 几个门 马儿拉叟呦
aniyo, zigumun mallaseyo.
不,现在瘦。

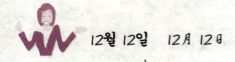

12월 12일 12月12日

346. 얼굴이 큰 편이에요.

A : 주미 씨는 얼굴이 작아요?
租米西嘎嫩 哦儿孤力 擦嘎呦
zumissinun erguli zagayo?
朱美脸盘小吗?

B : 아니요, 얼굴이 큰 편이에요.
阿昵奥, 哦儿孤力 肯 偏你也呦
aniyo, erguli kun pyjeniyeyo.
不,她脸盘比较大。

"ㄴ/은 편이다" 为句型。如 "비싼 편이다 (较贵)", "책이 많은 편이다 (书较多)"。

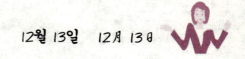

12월 13일　12月 13日

347. 졸리지 않아요?

A : 졸리지 않아요?
遭儿哩几 安那呦?
zollizi anayo?
不困吗?

B : 아니요, 졸리지 않아요.
阿昵奥，遭儿哩几 安那呦
aniyo, zollizi anayo
不，不困。

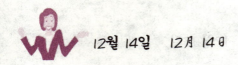

12월 14일   12月 14日

348. 참 이상해요.

A : 이 일을 어떻게 생각하세요?
🔊 ㅡㅡ了儿 哦到开 星嘎卡塞呦?
yi yilul sddeke senggakaseyo?
您怎么看这件事?

B : 참 이상해요.
🔊 擦木 一桑害呦
cam yisangheyo.
真的很奇怪。

12월 15일 12月 15日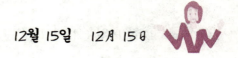

349. 미안해요.

A : 미안해요. 지은 씨.
📣 米安害呦。积恩西
mianeyo. ziunssi.
对不起，智恩。

B : 괜찮아요. 주미 씨.
📣 宽嚓哪呦。组米西
guancanayo. zumissi
没关系，朱美。

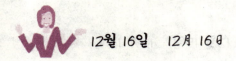

12월 16일　12月 16日

350. 죄송합니다.

A : 선생님, 죄송합니다.
　森星昵母，粗爱松哈母昵达
　sesengnim, zuisonghamnida.
　老师，实在很抱歉。

B : 아니에요. 괜찮아요.
　啊尼耶呦，宽嚓哪呦
　anieyo, Guancanayo.
　不，哪里的话。

表示道歉时，对长辈必须用"죄송합니다"，对晚辈或朋友可以用"미안해요"。

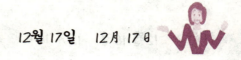

351. 너무 걱정하지 마세요.

A : 정말 걱정이 돼요.
曾马儿 高个增— 读爱呦
zengmal gekzeng yi dueyo.
真让人担心。

B : 너무 걱정하지 마세요.
闹木 高个增哈几 马塞呦
nemu gekzenghazi maseyo.
不要太担心。

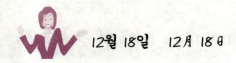

12월 18일   12月 18日

352. 먼저 실례하겠습니다.

A : 먼저 실례하겠습니다.
 门早 西儿肋哈该思母昵达
 menze silehagesumnida.
 那我先走了。

B : 그럼 가 보세요.
 可捞母卡 包赛呦
 gurem ga boseyo.
 那您先走吧。

353. 수고하셨어요.

A : 수고하셨어요.
   苏高哈肖叟呦
   sugohasyeseyo.
   辛苦了。

B : 천만에요.
   岑吗乃呦
   cheonmaneyo
   哪里的话。

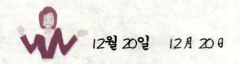 12월 20일 12月 20日

354. 고마워요.

A : 고마워요. 주미 씨.
   勾吗我呦。组米西
   gomaywoyo. Zumissi
   谢谢。朱美。

B : 천만에요.
   岑吗乃呦
   cenmaneyo.
   哪里哪里。

12월 21일 12月 21日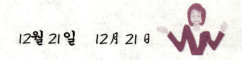

355. 감사합니다.

A : 선생님, 감사합니다.
森星昵母,卡姆嚓哈母昵达
sesengnim gamsahamnida.
老师,谢谢。

B : 괜찮아요.
宽嚓哪呦
guancanayo.
没关系。

表示感谢时,对长辈说"감사합니다",对晚辈或朋友说"고마워요"。

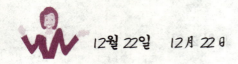

12월22일   12月22日

356. 안부 전해 주세요.

A : 안녕히 계세요.
安宁— 开赛呦
annyenghi gesyeyo.
再见。

B : 네, 부모님께 안부 전해 주세요.
奈，扑某尼牟盖 安补 走乃 组赛呦
ne, bumonimge anbu zenhezuseyo.
给你父母带个好。

12월 23일　12月23日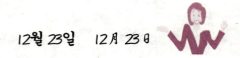

357. 안녕히 계세요.

A : 안녕히 계세요.
🔊 安宁— 开赛呦
annyenghi geseyo.
再见。

B : 안녕히 가세요.
🔊 安宁— 卡赛呦
annyenghi gaseyo.
再见。

前句为离开的人使用，后句为送行的人使用。

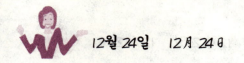 12월 24일 12月 24日

358. 또 만나요.

A : 안녕히 가세요.
  📢 安宁— 卡赛呦
  annyenghi gaseyo.
  再见。

B : 또 만나요.
  📢 斗 曼呐呦
  do mannayo.
  再见。

12월 25일　12月 25日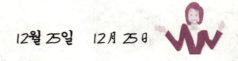

359. 메리 크리스마스.

A : 지은 씨, 메리 크리스마스.
基恩西，麦里克里斯嘛斯
ziunssi meli klismass.
智恩，圣诞节快乐。

B : 영재 씨, 메리 크리스마스.
英在西，麦里克里斯嘛斯
yingjessi, meli klismass.
英宰，圣诞节快乐。

在韩国信仰基督教的人很多，所以圣诞节在韩国也是很重要的节日。

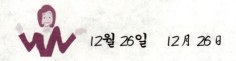

12월 26일   12月 26日

360. 생일 축하해요.

A : 생일 축하해요.
🔊 星一儿 粗卡害呦
sengyil cukaheyo.
祝你生日快乐。

B : 감사합니다.
🔊 卡木洒哈木昵达
gamsahamnida.
谢谢。

12월 27일 12月 27日

361. 건강하세요.

A : 지은 씨, 건강하세요.
🔊 积恩西，哏冈哈赛呦
ziunssi Genganghaseyo.
智恩，祝你健康。

B : 영재 씨도 건강하세요.
🔊 英在西都 哏冈哈赛呦
yingjessi, Genganghaseyo.
英宰，也祝你健康。

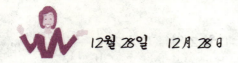

12월 28일   12月 28日

362. 설에는 뭘 드세요?

A: 설에는 뭘 드세요?
🔊 瑟勒嫩 某儿 得赛呦?
selenun muel duseyo?
春节吃什么?

B: 설에는 떡국을 먹어요.
🔊 瑟勒嫩 的姑了儿 某勾呦
selenun tteokukurul megeyo.
春节吃米糕汤。

韩国人春节吃"떡국(米糕汤)",认为吃米糕汤才能长一岁。

12월 29일   12月 29日

363. 행운이 함께 하기를 기원합니다.

A : 모든 일이 잘 되기를 기원합니다.
　某得恩 一哩 咋儿 推个一了儿 克一我呐母昵达
　modunyili zal doigirul giwonhamnida.
　希望你事事顺意。

B : 행운이 함께 하기를 기원합니다.
　横呜尼 哈车该 哈个一了儿 克一我呐母昵达
　heng unni hamgge hagirul giwonhamnida.
　也希望你万事如意。

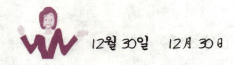 12월 30일 12月30日

364. 새해 복 많이 받으세요.

A : 새해 복 많이 받으세요. 지은 씨.
  噻咳 卜 马尼 啪得赛哟。积恩西
  sehe bok mani baduseyo. Ziunssi.
  新年快乐，智恩。

B : 주미 씨도 새해 복 많이 받으세요.
  租米西都噻咳 卜 马尼 啪得赛哟
  zumissido sehe bok mani baduseyo.
  朱美，也祝你新年快乐。

12월 31일 12月 31日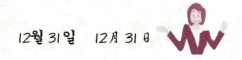

365. 한국에 또 오고 싶어요.

A : 한국에 또 오고 싶어요.
📢 舍古盖 到 奥高 西跑呦
hanguge do ogo sipeyo.
还想再来韩国。

B : 또 오세요. 환영합니다.
📢 到 奥塞呦。欢迎哈木昵达
ddo oseyo. Huanyjenghamnida.
欢迎再来。